# 図解 応急手当ハンドブック

アウトドア　レスキュー　家庭

山本保博 監修

日本文芸社

## 早わかり
# 「いざ」というとき に ―ケガ―

交通事故や運動中、日常生活での転倒など、ケガをしてしまうことは少なくない。ここではケガをするようなアクシデントに見舞われたときの応急手当を紹介する。まずはあわてず落ち着くことが大切だ。

## アクシデントが起きたときの対応の手順

### ①落ち着いて状況判断
とくに出血量が多いときなどはあわててしまいがちだが、まずは落ち着くことが大切。

### ②意識（反応）を確認する
頭を強く打つなどした場合は、声をかけるなどして意識を確認する。

→ 意識がない → **救急車を呼ぶ**（待つ間は必要に応じた応急手当が必要）

意識がある

- 出血している
- ネンザや骨折の疑いがある
- やけどしている

### ③止血する
出血していたら、患部を流水などで洗い流し、止血を行う。

### ④患部を固定
ネンザや骨折の疑いがある場合は患部を固定する。

### ⑤患部を冷やす
やけどの応急手当の基本は冷やすこと。流水がよい。

### ⑥すみやかに病院へ
応急手当は治療ではない。ケガをしたら、接骨院や皮膚科などの専門医を受診するのが基本。

# おもなアクシデントの応急手当のポイント

## 頭を強く打ったら

交通事故や転倒、転落などで頭を強く打った場合は、脳への影響が心配される。声をかけるなどして意識(反応)を確かめる。
○意識を確認。反応がなければ救急車を呼ぶ
×無理に動かす

呼びかける

## 出血したら

出血していたら、まずは患部についた泥などを流水で洗い流し、直接圧迫法で止血する。
○患部を清潔な状態にして、きれいなハンカチなどを押しあてる
×患部をこする
△腕などを縛る止血は推奨されない

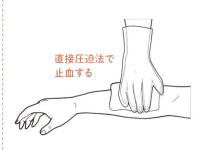

直接圧迫法で止血する

## 骨折の疑いがあったら

ネンザや脱臼、骨折などの疑いがある場合は、患部が動かないように固定する。そのままにすると回復まで時間がかかることも多い。すみやかに病院へ。
○安静にして患部を固定する。冷やすことも効果が期待される
×スポーツ中の場合などは、無理に運動を続ける

患部を固定する

## やけどをしたら

やけどの応急手当の基本は、冷やすこと。理想は流水で患部を冷やすこと。重度のやけどは救急車を呼ぶ。
○基本的には専門医に診てもらう。応急手当としては流水などで患部を冷やす
×味噌などの民間療法を過信する

患部を冷やす

## 早わかり
# 「いざ」というときに —体調不良—

体調不良はなにより予防が大切。少しでも「普段とは違う」という点に気がついたら受診すること。急な体調不良は、まずは横になるなどして安静を保つのが基本。熱中症は涼しいところにいき、水分を補給する。

## 急な体調不良への対応

### 救急車を呼ぶ判断
急な頭痛や腹痛などには、安静を保つことが大切。疾患に対しては応急手当としてできることは限られていて、症状がおさまったあとも専門医に診てもらったほうがよい。なかでも、次のような場合は命の危険に関わる可能性があり、救急車を呼ぶ。判断に迷うようであれば救急相談センター(♯7119)に連絡する。
○突然のしびれや半身の麻痺
○意識障害
○あまり体験したことがないような、耐えがたい急な頭痛や腹痛、胸痛
○呼吸困難

## 部位別・体調不良への対応

### 激しい頭痛
とくに注意が必要なのは脳梗塞や脳出血という脳の障害。激しく痛む以外に次のような症状をともなう場合はとくに注意が必要で、救急車を呼び、ラクな姿勢をとる。
・めまい
・吐き気
・けいれん
・体の一部の麻痺
・言葉が出ない

### 激しい胸痛
とくに気をつけたいのは心筋梗塞で、次のような場合は一刻も早い対応が必要(救急車を呼ぶ)。
・胸を押しつぶされるような激しい痛み
・暑くもないのに冷や汗が出る
・胸や腹に感じるむかつき
・めまいや吐き気
・顔面蒼白になる

## 症状別・体調不良への対応

### 発熱
発熱は体内に侵入してきた細菌やウイルスを退治するための作用と考えられている。安静にするのが基本。
- ○体温を測る。38度以上の高温が続くようであれば病院へ
- ○体を温めて安静を保ち、水分補給を行う
- △38度未満では解熱剤は使用しないほうがよいとされている

安静を保つ

### けいれん
とくに乳幼児はけいれん（ひきつけ）を起こすことが多い。あわてないで、傷病者の安静を保つ。
- ○ケガをしないように周りを片付ける
- ○衣服をゆるめる
- ○ラクな姿勢をとらせて、状態を観察する

ラクな姿勢に

## 状況別・体調不良への対応

### 熱中症
高い気温に影響を受けた体調不良が熱中症。おもな症状には、めまいや吐き気などがある。
- ○涼しく風通しのよいところへ移動して、体を冷やす
- ○水分を補給する
- ○意識を失うなどの重い症状は救急車を呼ぶ

涼しく風通しのよいところで体を冷やす

### 食中毒
主な症状は腹痛や下痢。症状が激しい場合は救急車を呼ぶことも考える。
- ○水分を補給する
- ○横になるなどして安静を保つ
- ○食品の保存方法に気をつけるなど予防が重要
- ○集団感染の可能性もあるので心あたりを考えることも大切

とくに予防が重要

## 早わかり
# 「いざ」というとき に —一次救命処置—

一次救命処置は、心臓が正しく機能していないと見られる人に救命へのチャンスを維持するためのもの。実施したほうがよいケースは決して稀ではなく、それほど難しいものではないので、ぜひ身につけておきたい。

## 一次救命処置の手順

### ①安全を確認する
一次救命処置は次のアクシデントへとつながる可能性がない、安全な場所で行うのが前提。まずは安全を確保する。

→ アクシデントが続く可能性がある場所である → 傷病者を移動、もしくは周囲に協力を求めて安全を確保する

↓ 安全である

### ②意識(反応)を確認する
頭を強く打つなどした場合は、声をかけるなどして意識を確認する。

→ 反応があり、軽症と考えられる → 必要な応急手当を行い、すみやかに病院へ

↓ 反応がない、もしくは反応があっても重症の可能性が高い

まずは意識を確認する

AEDを用意してもらう

### ③119番通報&AEDの準備
救急車を呼び、周囲に協力を求める。AEDを準備してもらうように指示する。

### ④呼吸を確認する
傷病者の胸やお腹の動きを観察して、「呼吸しているか」を確認する。

→ いつもと同じ呼吸をしている → 必要な応急手当を行い、安静を保ち、救急車の到着を待つ

↓ 呼吸がない、もしくは呼吸していても、いつもと同じ呼吸ではない

## ⑤胸骨圧迫を行う

呼吸していなければ、すぐに胸骨圧迫を行う。

呼吸が戻った →

**胸骨圧迫を続けることに問題はない**

（救急車が到着するまで、もしくは完全に安定するまではできるだけ胸骨圧迫を続けたほうがよい）

呼吸が戻らない

胸骨圧迫は深さ、テンポ、絶え間なくを意識

## ⑥AEDを使用する

AEDが到着したら、すみやかにAEDを装着。音声案内にしたがってAEDを使用する。

AEDは心肺停止にとても有効

## ⑦胸骨圧迫を続ける

呼吸が戻っても、戻らなくても、AEDを装着したまま胸骨圧迫を続ける。AEDを装着したままにしておくと、AEDを使用する次のタイミングを音声で案内してくれる。

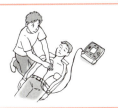

救急隊員に引き継ぐまでが一次救命処置

## ⑧救急隊員に引き継ぐ

救急車が到着したら、救急隊員に引き継ぐ。救急隊員の指示があるまでは、胸骨圧迫（&AEDの使用）を続ける。

# はじめに

応急手当は治療ではありません。

一般の人たちが命を救うため、より重い状態へとなることを防ぐために、応急的にできることは少なく、限られています。その意味でも、応急手当が必要となるような場面をつくらないことが大切なのです。高齢化が進み、家庭内での高齢者の転倒や転落などの事故が増えていますが、あらかじめ、それらをまねく要素は取り除いておきたいものです。また、ケガや体調不良が生じたときに、その場では「たいしたことはない」と思っても、あとから大きな問題になることも少なくはありません。後日、「普段とは何か様子が違うな」と感じたら、すみやかに医師に診てもらうことも重要です。

このように考えると、「応急手当は一時的なもの」と思うかもしれませんが、もちろん、そのようなことはありません。次の専門的な治療へとつなぐために、できることをするのとしないのとでは、予後が大きく変わります。最近はAEDの普及などにより、一般の方による心肺蘇生の成功率もかなり高くなっています。

では、応急手当はどのように取り組めばよいのでしょうか。

まず意識してほしいのが落ち着くことです。「救急車を呼ぶ」のも重要な事項のひとつですが、急を要する場面になると、あわててしまい、電話で十分な情報を伝えられなくなることも多く見受けられます。この場合は、電話をかける際に目に入る位置に、自分の住所や電話番号、最寄りのランドマークを説明できるようなものを貼っておくとよいのですが、いずれにせよ、応急手当では冷静な対応が求められます。

また、応急手当には、「助け合い」の精神も必要です。たとえば災害時、子どもや女性、高齢者、傷病者などを災害弱者といいますが、健康状態に問題がない人は災害弱者を中心とする困っている人を積極的に手助けしたいものです。そのようなケースを含めると、応急手当が必要になる場面は想像以上に多いもの。そして、そのようなときのために、応急手当の基本を知り、対応できるようにしておくことはとても重要なのです。

2016年7月吉日

監修　山本　保博

# 図解 応急手当ハンドブック

## アウトドア　レスキュー　家庭

## Contents

**早わかり** 「いざ」というときに ―ケガ― ……………………………… **2**

**早わかり** 「いざ」というときに ― 体調不良― ………………………… **4**

**早わかり** 「いざ」というときに ― 一次救命処置― ………………… **6**

はじめに ……………………………………………………………………… **8**

本書の見方 …………………………………………………………………… **16**

## 1章　ケガの応急手当

止血（出血の判断） ……………………………………………………… **18**

止血（直接圧迫法） ……………………………………………………… **20**

止血（間接圧迫法） ……………………………………………………… **22**

止血（止血帯を使う） …………………………………………………… **24**

打撲・ネンザ・脱臼 ……………………………………………………… **26**

骨折（手・腕） …………………………………………………………… **28**

骨折（足） ………………………………………………………………… **30**

すりキズ・切りキズ ……………………………………………………… **32**

刺しキズ …………………………………………………………………… **34**

やけど（症状の判断）・・・・・・・・・・・・・・・・・・・・・・・・・・・・・・・・・・・・・・・・36

やけど（軽度）・・・・・・・・・・・・・・・・・・・・・・・・・・・・・・・・・・・・・・・・・・・・・・38

やけど（重度）・・・・・・・・・・・・・・・・・・・・・・・・・・・・・・・・・・・・・・・・・・・・・・40

薬品によるやけど・・・・・・・・・・・・・・・・・・・・・・・・・・・・・・・・・・・・・・・・・・・42

包帯の巻き方・・・・・・・・・・・・・・・・・・・・・・・・・・・・・・・・・・・・・・・・・・・・・・44

三角巾の使い方・・・・・・・・・・・・・・・・・・・・・・・・・・・・・・・・・・・・・・・・・・・・46

**Column**　救急車の判断に迷ったら「#7119」・・・・・・・・・・・・・・・・**48**

## 2章　一次救命処置

一次救命処置とは・・・・・・・・・・・・・・・・・・・・・・・・・・・・・・・・・・・・・・・・・・・**50**

一次救命処置の流れ・・・・・・・・・・・・・・・・・・・・・・・・・・・・・・・・・・・・・・・・**52**

安全の確保＆意識の確認・・・・・・・・・・・・・・・・・・・・・・・・・・・・・・・・・・**54**

救急車を呼ぶ・・・・・・・・・・・・・・・・・・・・・・・・・・・・・・・・・・・・・・・・・・・・・・**56**

呼吸を確認する・・・・・・・・・・・・・・・・・・・・・・・・・・・・・・・・・・・・・・・・・・・・**58**

胸骨圧迫（成人）・・・・・・・・・・・・・・・・・・・・・・・・・・・・・・・・・・・・・・・・・・・**60**

胸骨圧迫（乳幼児）・・・・・・・・・・・・・・・・・・・・・・・・・・・・・・・・・・・・・・・・**62**

AEDの到着と準備・・・・・・・・・・・・・・・・・・・・・・・・・・・・・・・・・・・・・・・・・**64**

AEDを使用する・・・・・・・・・・・・・・・・・・・・・・・・・・・・・・・・・・・・・・・・・・・**66**

胸骨圧迫・AEDを繰り返す・・・・・・・・・・・・・・・・・・・・・・・・・・・・・・・・**68**

救急隊員に引き継ぐ・・・・・・・・・・・・・・・・・・・・・・・・・・・・・・・・・・・・・・・**70**

人工呼吸・・・・・・・・・・・・・・・・・・・・・・・・・・・・・・・・・・・・・・・・・・・・・・・・・・**72**

心肺蘇生法・・・・・・・・・・・・・・・・・・・・・・・・・・・・・・・・・・・・・・・・・・・・・・・・**74**

回復体位 ·································································· 76

傷病者を運ぶ ······················································ 78

**Column** 救命講習を受けよう ···························· 80

## 3章 体調不良の応急手当

頭痛 ······································································ 82

胸痛 ······································································ 84

腹痛 ······································································ 86

呼吸困難 ······························································ 88

吐き気・嘔吐 ························································ 90

ノドづまり ··························································· 92

吐血・喀血 ··························································· 94

歯痛 ······································································ 96

鼻血 ······································································ 98

貧血 ···································································· 100

発熱 ···································································· 102

けいれん ···························································· 104

昏睡（失神） ······················································ 106

ショック症状 ····················································· 108

乳幼児の応急手当 ·············································· 110

**Column** 子どもの救急相談は「♯8000」 ········· 112

# 4章 部位別・ケガの応急手当

| | |
|---|---|
| 頭のケガ | 114 |
| 顔の各部のケガ | 116 |
| 首や背中のケガ | 118 |
| 胸やお腹のケガ | 120 |
| 腰・お尻のケガ | 122 |
| 腕・手のケガ | 124 |
| 足のケガ | 126 |
| **Column** 救急安心カードをつくろう | 128 |

## 5章　日常生活のアクシデントの応急手当

乳幼児の転落事故 130

高齢者の転倒 132

熱中症（症状と予防） 134

屋外の熱中症 136

屋内の熱中症 138

ボールが顔にあたった 140

ボールが体にあたった 142

ぎっくり腰 144

突き指 146

過呼吸 148

マメ・靴ずれ 150

誤飲 152

食中毒 154

ひび・あかぎれ 156

急性アルコール中毒 158

**Column** 感電したらまずは電流を遮断する 160

# 6章 アウトドアのアクシデントの応急手当

低いところからの転落事故 …………………………………… **162**

高いところからの転落事故 …………………………………… **164**

水難事故(救助) ………………………………………………… **166**

水難事故(応急手当) …………………………………………… **168**

日焼け …………………………………………………………… **170**

高山病 …………………………………………………………… **172**

ハンガーノック ………………………………………………… **174**

低体温症 ………………………………………………………… **176**

しもやけ・凍傷 ………………………………………………… **178**

虫に刺された …………………………………………………… **180**

危険な虫 ………………………………………………………… **182**

ヘビに咬まれた ………………………………………………… **184**

動物にキズつけられた ………………………………………… **186**

海で動物にキズつけられた …………………………………… **188**

危険な海の生物 ………………………………………………… **190**

**Column** キノコの食中毒はキノコ持参で受診 ……………… **192**

## 7章　事故・災害時の応急手当

交通事故（事故直後）········································ **194**

交通事故（むちうち）········································ **196**

火災···················································· **198**

ガス中毒・酸素欠乏········································ **200**

地震···················································· **202**

台風···················································· **204**

落雷···················································· **206**

**Column**　原子力発電所の事故が起きたときの対応················ **208**

## 8章　応急手当の予備知識

救急箱の用意············································· **210**

専用器具がなければ········································ **212**

ファーストエイドキット···································· **214**

エコノミークラス症候群···································· **216**

緊急時の連絡先··········································· **218**

索引···················································· **220**

# 本書の見方

本書は「いざ」というときの応急手当を、イラストとともにわかりやすく解説しています。

※応急手当は治療ではありません。手当後はすみやかに専門医を受診するのが基本です。
※応急手当は専門医によって方法や考え方が異なることもあります。救命士や専門医の指示があれば、それにしたがってください。

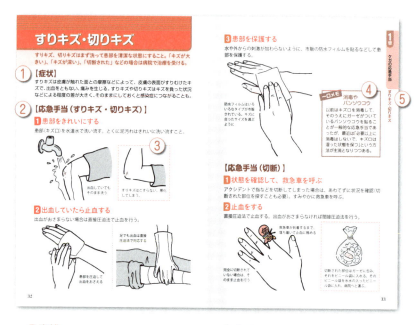

### ①症状
そのケガや体調不良のおもな症状です。自分の症状が該当しているようであれば、そのページで紹介している応急手当が役立つ可能性が高くなります。

### ②応急手当
応急手当を手順ごとにイラストとともに紹介しています。

### ③説明イラスト
その手当のポイントや注意点、予備知識などをイラストとともに紹介しています。

### ④一口メモ
その手当が適している理由や必要な道具など、その手当に関する「知っておきたい情報」です。

### ⑤ページ項目
知りたい項目（応急手当）の検索にご利用ください。

# 1章

# ケガの応急手当

切りキズややけど、打撲など
普段の生活でもよくあるトラブルは、
「すぐによくなる」と軽視されがち。
しかし、適切な応急手当を行わないと
回復まで長引くこともある。

# 止血（出血の判断）

出血は、「どんな血液が、どんな出方をしているか」で対応が異なる。出血が多いとあわててしまいがちだが、落ち着いて状況を見きわめること。

## 【症状】

出血の判断で、とくに重要なのは動脈性の出血か、もしくは静脈性の出血かを見きわめること。多くは静脈性の出血だが、ピュッピュッと脈拍と一致して吹き出すような動脈性の出血であれば、早急な対応が必要である。

## 【出血の見きわめ】

### A 明るい色の血液（鮮血）が吹き出す

明るい赤色の血液（鮮紅色）は動脈血である。これがピュッピュッと吹き出している場合、動脈性の出血であるので要注意。すみやかに止血を行う。

血圧が急激に下がって出血性ショックに陥る可能性が高い。できるだけ早く止血する

**一口メモ　動脈の出血には要注意**

よく耳にする血圧は、動脈血の圧力のこと。また、動脈血は全身の血液の20〜25％程度しかないため、動脈血の出血は血圧が下がりやすいということである。血圧の低下は生命の危機に直結する。

### B 暗い色の血液が流れ出す

暗い赤色の血液（暗血色）は静脈血である。このような血液がダラダラと流れ出るように出血する場合は、静脈性の出血。こちらも止血が必要である。

湧き出るように流れ出てくる場合は、大出血になる可能性がある

**一口メモ　多いのは静脈性**

一般的には体の表面近くには静脈が流れている。日常的なアクシデントによる切りキズでの出血は静脈性であることがほとんどである。

## C 血がにじんでいる

血液がキズ口ににじんでいるような出血の場合は、血液が止まれば大丈夫なので、あわてずにガーゼなどでキズをおさえて病院へ。

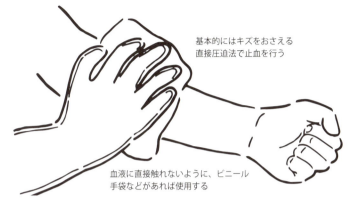

基本的にはキズをおさえる直接圧迫法で止血を行う

血液に直接触れないように、ビニール手袋などがあれば使用する

## D アクシデント後の鼻や耳からの出血

交通事故などで体を強打して、耳や鼻などから出血がある場合、脳を損傷している可能性がある。すぐに救急車を呼ぶ。

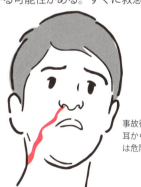

事故後の鼻や耳からの出血は危険信号

普段から鼻血がよく出る場合は、内臓の疾患の可能性もある。専門医に診てもらったほうがよい。

---

**一口メモ　出血であわてない**

急激な500cc以上の出血があれば、ショック症状（108ページ）に陥る可能性もある。しかし、献血では400ccの採血を選ぶこともでき、これくらいの量であれば、血を失っても大きな問題となることは少ないということである。400ccといえば、缶ジュースをイメージするとわかるように、かなりの量だが、出血してもあわてることはないという考え方もできる。出血には落ち着いて対応しよう。

# 止血（直接圧迫法）

止血の基本は「直接圧迫法」。清潔なガーゼやハンカチなどでキズ口を直接おさえることで、出血を止めることができる。

## 【直接圧迫法とは】

出血している部位を直接清潔なガーゼなどで圧迫して止血する。感染症を予防するためにゴム手袋やビニール袋を使う。ある程度出血がおさまってきたら、包帯を巻いてもよい。

## 【直接圧迫法による止血】

### 1 出血箇所にガーゼやハンカチをあてる

出血しているところに清潔なガーゼやハンカチなどの布をあてる。

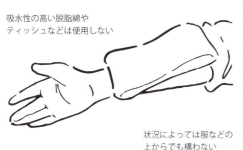

吸水性の高い脱脂綿やティッシュなどは使用しない

状況によっては服などの上からでも構わない

できれば布をあてる前に流水などで患部をきれいにする。

### 2 上から強くおさえる

強めにおさえて止血。そのまま救急車を待つか、病院へ。

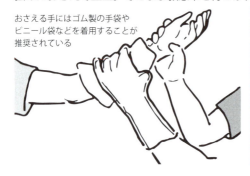

おさえる手にはゴム製の手袋やビニール袋などを着用することが推奨されている

キズ口を心臓より高い位置にしたほうが出血は早く止まる。

# 【包帯を使った直接圧迫法による止血】

## 1 出血箇所にガーゼやハンカチをあてる

出血しているところにガーゼやハンカチなどの清潔な布をあてる。

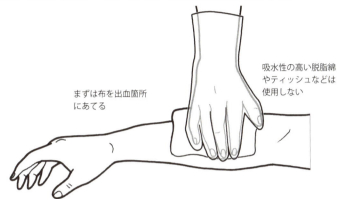

まずは布を出血箇所にあてる

吸水性の高い脱脂綿やティッシュなどは使用しない

## 2 包帯を巻く

あてた布をおさえ込むように包帯を巻く。

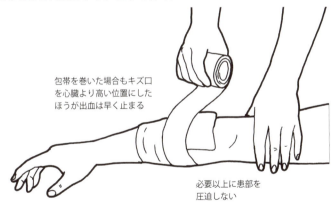

包帯を巻いた場合もキズ口を心臓より高い位置にしたほうが出血は早く止まる

必要以上に患部を圧迫しない

### 一口メモ　直接圧迫法が基本

患部ではなく、関節や血管の通りみちをおさえる「間接圧迫法」は神経や血管を損傷する可能性もあるので、なるべく用いず、直接患部を圧迫して止血するのが基本。

# 止血（間接圧迫法）

直接患部をおさえられないときは、出血部よりも心臓に近い動脈に指を押しあてて圧迫して出血をおさえる方法がある。

## 【間接圧迫法とは】

患部より心臓に近い圧迫点で動脈をおさえて、出血を減らす方法。出血患部の直接圧迫と併用するのが基本で、必要な頻度は低いが知識としておさえておきたい。力をゆるめると効果がないので救急車が着くまでおさえ続ける。

## 【間接圧迫法による止血】

### 1 止血点を決める

出血している箇所を見きわめ、患部より心臓に近い部分の止血点を決める。

間接圧迫法は直接圧迫法で出血がおさえきれない場合などに用いる

> **一口メモ　止血点とは**
>
> 圧迫することで止血につながる部位。右ページのように大きな動脈が通っていることが条件である。

### 2 指で圧迫する

止血点を指で圧迫する。圧迫の強さの目安は骨にあたるくらい。

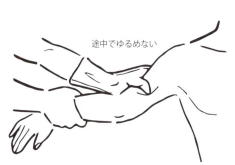

途中でゆるめない

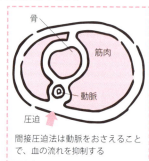

間接圧迫法は動脈をおさえることで、血の流れを抑制する

## 一口メモ　止血点を的確におさえるために

間接圧迫法では出血しているところよりも心臓に近いところを圧迫するのが基本。鼠蹊部(足の付け根)などが代表的な止血点である。

**前腕の出血の場合**
上腕の内側の筋肉の間の部分を上腕骨に向けて圧迫する

**上腕の出血の場合**
鎖骨上部のくぼみ付近に止血点がある

**手のひら付近の出血の場合**
脈拍を測るのと同じところを、腕の骨に向けて押す

**指の出血の場合**
出血している指の付け根を親指と人差し指ではさみ、指の骨に向けて押す。足の指も同様である

**大腿部の出血の場合**
鼠蹊部(足の付け根)の中央を大腿骨の上部に向けて押す

止血点を的確な位置、強さで押すのは医療従事者でないと難しい面もある。その意味でも止血は直接圧迫法を基本と考える

# 止血（止血帯を使う）

出血がとても多い場合は、止血帯をつくって圧迫する止血の方法もある。
あくまでも緊急時の方法で、一定時間ごとにゆるめる必要がある。

## 【止血帯を使う止血とは】

直接圧迫法だけで出血がおさまらない場合や、骨折などで直接おさえられない場合などは、止血帯を使って間接止血を行うという選択肢もある。幅の太い布を長く裂いて、患部より心臓に近いところに巻き、棒などでしばりあげる。

## 【止血帯を使った止血】

### 1 止血帯と棒を用意する

止血帯、あて布、締めつけ用の棒を用意する。

止血帯は幅3cm以上の包帯もしくは帯となるような布でもよい。それに加えて棒を固定するための帯も必要

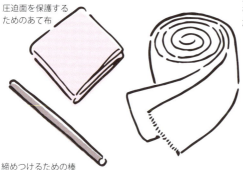

圧迫面を保護するためのあて布

締めつけるための棒

**一口メモ　あくまでも緊急時に**

止血帯を使う止血は、締めつけた部分を損傷したり、合併症の原因になることもある。あくまでも出血がひどい場合の緊急用である。

### 2 止血帯を巻き、あて布を挟む

出血部よりも心臓に近いところに止血帯をゆるめに巻いて、その下にあて布を挟む。

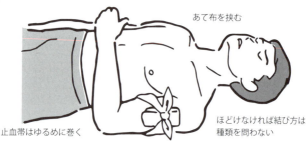

あて布を挟む

止血帯はゆるめに巻く

ほどけなければ結び方は種類を問わない

## 3 棒をくぐらせて回す

止血帯に棒をくぐらせて静かに回す。その回転で止血帯の締めつけが強くなり、動脈を圧迫することになる。

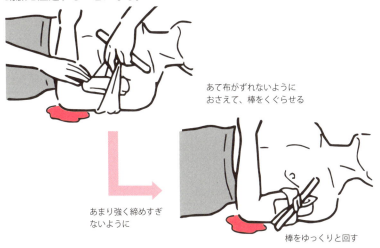

あて布がずれないようにおさえて、棒をくぐらせる

あまり強く締めすぎないように

棒をゆっくりと回す

## 4 棒を固定して時間を記録する

出血が止まるところで止血帯以外の帯で棒を固定。止血帯を締めた時間を止血帯に記す。

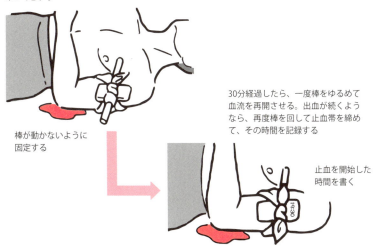

棒が動かないように固定する

30分経過したら、一度棒をゆるめて血流を再開させる。出血が続くようなら、再度棒を回して止血帯を締めて、その時間を記録する

止血を開始した時間を書く

# 打撲・ネンザ・脱臼

転倒やなにかにぶつかったときには、打撲やネンザ、脱臼、骨折などのケガをする可能性がある。応急手当には固定など、四つのステップがある。

## 【症状】

強く体を打ちつけたり、無理な方向に関節をひねった場合は、出血をともなわないケガを負うことになる。ケガの種類として打撲、ネンザ、脱臼、骨折などがある。

### ●打撲
転倒やものに強くぶつかるなど体外からの力が原因で、出血や骨折はない皮下組織や筋肉の損傷。患部は痛みとともに「暗紫色になる」、「腫れる」などの症状がある。

### ●ネンザ
無理な動きをしたときなどに起こる、関節の損傷の一つ。多くは患部に痛みと炎症をともなう。

### ●脱臼
無理な動きをしたときなどに起こる、関節を構成する骨同士の関節面が正しい位置関係を失っている状態。関節が不自然な方向に曲がっていたら、脱臼していることになる。

### ●骨折
骨が折れるというよりも、壊れるという認識のほうが正しく、骨にヒビが入るのも骨折である。患部は炎症を起こし、強い痛みを生じる。応急手当はとくに固定することが重要。

転倒したときには打撲をはじめ、ケガをすることが多い。とくに高齢者は骨折することも少なくない

# 【応急手当】

軽度の打撲などを除いて、専門医に診てもらうのが基本。それまでの応急手当の心得としては「RICE」という言葉を知っておきたい。RICE とは「安静(Rest)」、「冷却(Ice)」、「圧迫(Compression)」、「高い位置に上げる(Elevation)」の頭文字である。

## ①安静にする

運動や仕事などを中止し、安静な状態を保つ。基本的には患部を固定したほうがよい。

## ②冷却する

氷のうや冷水で患部を冷やす。冷やしすぎると凍傷のおそれがあるので、20分ほど冷やしたら、しばらく間をあける。

## ③圧迫する

包帯やテーピングで患部を圧迫することで、出血や血液の循環をおさえる。血行不良になりすぎないように加減すること。

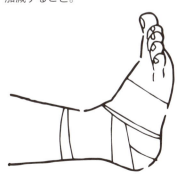

## ④高い位置に上げる

心臓より高い位置に患部をおくことで血行を抑制。炎症などをおさえる。クッションなどを積んでのせておくと安定するのでよい。

# 骨折（手・腕）

骨折すると、強い痛みとともに患部が腫れあがる。出血していたら止血したうえで副木（添え木）をあて患部を固定。すみやかに病院へ。

## 【症状】
外からの強い力によって、本来はひとかたまりである骨のつながりが途絶えてしまう状態を骨折という。手（腕）は転倒時についた際に骨折することが多く、骨折した部位は強い痛みが生じ、腫れ上がる。

## 【応急手当】

### 1 出血していたら止血する
患部から出血していたら、まずは止血をする。

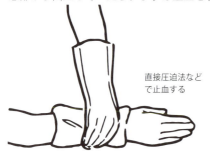

直接圧迫法などで止血する

出血量が多ければ、救急車を呼ぶ。

### 2 患部を固定する道具を用意する
骨折の応急手当は患部周辺が動かないように固定することが基本。そのための道具を用意する。

要は無理なく固定できればよく、手頃なサイズの板があれば最適。指には鉛筆などでもよい。包帯などの固定する道具も必要である

腕の骨折では三角巾や包帯で肩から吊るすという固定方法もある。

## 3 患部を固定する(指の場合)

指の骨折が疑われる場合は、鉛筆や割り箸を副木として利用し、包帯などで固定するとよい。

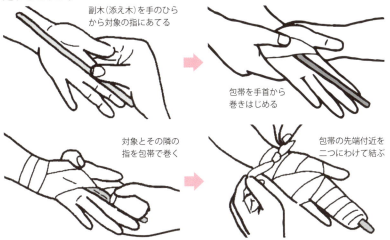

副木(添え木)を手のひらから対象の指にあてる

包帯を手首から巻きはじめる

対象とその隣の指を包帯で巻く

包帯の先端付近を二つにわけて結ぶ

## 4 患部を固定する(前腕の場合)

板や棒を使い、手首が動かないように、手のひら付近と前腕の2箇所の関節を包帯などでとめる。

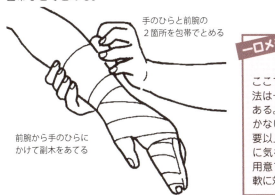

手のひらと前腕の2箇所を包帯でとめる

前腕から手のひらにかけて副木をあてる

### 一口メモ 患部を固定できればOK

ここで紹介している固定方法は一例で、他にも方法はある。大切なのは患部が動かないようにすること。必要以上に締めつけないように気をつけながら、状況や用意できるものに応じて柔軟に対応を。

## 5 すみやかに病院へ

自分で行う患部の固定はあくまでも応急手当。骨折が疑われる場合は、すみやかに専門医に診てもらうこと。

# 骨折（足）

骨折の応急手当は共通している。骨折が疑われるところを固定するのが基本で、足は長い副木（添え木）を利用する方法などがある。

## 【症状】
交通事故などの外からの強い力がかかるアクシデントのほか、スポーツなどでジャンプ後の着地の際に足首付近の骨が骨折することもある。ネンザとの見きわめは骨折は腫れの症状が強く、患部を軽く押しただけでも強い痛みを感じる。

## 【応急手当】
### 1 出血していたら止血する
患部から出血していたら、まずは止血をする。

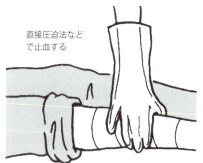

直接圧迫法などで止血する

出血量が多ければ、救急車を呼ぶ。

### 2 患部を固定する道具を用意する
基本的に足は長いものが必要になる。段ボールを重ねて使うなどの工夫をしたい。

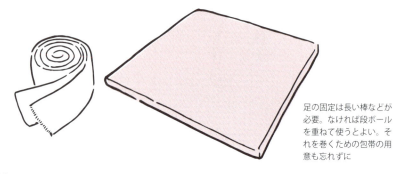

足の固定は長い棒などが必要。なければ段ボールを重ねて使うとよい。それを巻くための包帯の用意も忘れずに

## 3 患部を固定する(太もも付近の場合)

太もも付近の骨折は、転倒でも生じることがある。固定する方法はあるが、救急車を呼んだほうがよい。

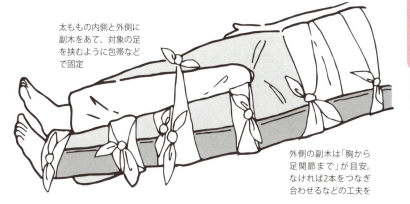

太ももの内側と外側に副木をあて、対象の足を挟むように包帯などで固定

外側の副木は「胸から足関節まで」が目安。なければ2本をつなぎ合わせるなどの工夫を

## 4 患部を固定する(足首の場合)

足首は固定するのが難しいが、包帯や三角巾を使うと動きを制限することができる。移動中はできるだけ体重をかけないように歩くこと。

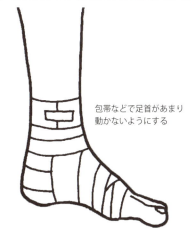

包帯などで足首があまり動かないようにする

> **一口メモ その他の部位の骨折**
>
> 骨折はどの部位にも生じる可能性がある。手や足以外には、胸(肋骨)の骨折が代表例。肋骨の骨折は呼吸時に痛みが走るなどの症状がある。応急手当としては厚手のタオルを軽く巻いて圧迫すると、痛みを軽減できることがある。

## 5 すみやかに病院へ

自分で行う患部の固定はあくまでも応急手当。骨折が疑われる場合は、すみやかに専門医に診てもらうこと。

# すりキズ・切りキズ

すりキズ、切りキズはまず洗って患部を清潔な状態にすること。「キズが大きい」、「キズが深い」、「切断された」などの場合は病院で治療を受ける。

## 【症状】

すりキズは皮膚が触れた面との摩擦などによって、皮膚の表面がすりむけたキズで、出血をともない、痛みを生じる。すりキズや切りキズはキズを負った状況などによる程度の差が大きく、そのままにしておくと感染症につながることも。

## 【応急手当（すりキズ・切りキズ）】

### 1 患部をきれいにする

患部（キズ口）を水道水で洗い流す。とくに泥汚れはきれいに洗い流すこと。

出血していてもそのまま洗う

すりキズはこすらない。悪化してしまう。

### 2 出血していたら止血する

出血がおさまらない場合は直接圧迫法で止血を行う。

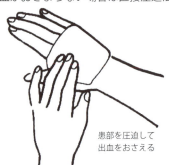

患部を圧迫して出血をおさえる

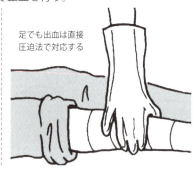

足でも出血は直接圧迫法で対応する

## 3 患部を保護する

水や外からの刺激が加わらないように、市販の防水フィルムを貼るなどして患部を保護する。

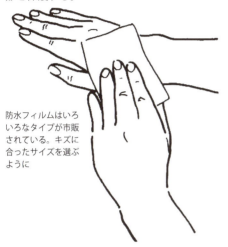

防水フィルムはいろいろなタイプが市販されている。キズに合ったサイズを選ぶように

> **一口メモ　消毒やバンソウコウ**
>
> 以前はキズ口を消毒して、そのうえにガーゼがついているバンソウコウを貼ることが一般的な応急手当であったが、最近は「必要以上に消毒はしないで、キズ口は湿った状態を保つ」という方法が主流となりつつある。

# 【応急手当（切断）】

## 1 状態を確認して、救急車を呼ぶ

アクシデントで指などを切断してしまった場合は、あわてずに状況を確認（切断された部位を探すことも必要）。すみやかに救急車を呼ぶ。

## 2 止血をする

直接圧迫法で止血する。出血がおさまらなければ間接圧迫法を行う。

救急車が到着するまで、落ち着いて止血に務める

完全に切断されていない場合は、そのまま止血を行う

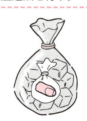

切断された部位はガーゼに包み、それをビニール袋に入れる。そのビニール袋を氷水の入ったビニール袋に入れ、病院へと運ぶ。

# 刺しキズ

何かが刺さった場合は、キズ口が小さくても深いことがある。深いキズは応急手当をしたあとにすみやかに専門医の診察を受けること。

## 【症状】

主な症状は出血と痛み。応急手当は刺さった異物を抜く方法と、抜かない方法の二つのパターンがある。異物を抜いても、深いキズは雑菌が入りやすく、化膿することもあるので応急手当後はすみやかに病院へ。

## 【応急手当（異物を抜く方法）】

### 1 異物を除去する

刺さったのが小さい異物（抜いても支障がないと考えられるもの）であれば、清潔なピンセットなどで取り除く。

キズ口を刺激しないように慎重に抜く

キズ口周辺に雑菌が入っている可能性がある場合は、周囲を圧迫して血液を絞り出すという方法もある。

### 2 患部をきれいにして保護する

キズ口を水道水で洗い流し、市販の防水フィルムなどで患部を保護する。

流水で洗うなどして、患部をきれいな状態にする

市販の防水フィルムなどで水などの刺激から保護する

# 【応急手当（異物を抜かない方法）】

## 1 異物を除去しないで止血

深く刺さった釘などは、無理に抜こうとするとキズが広がることもある。そのような場合は異物を抜かないで、出血に対応する。

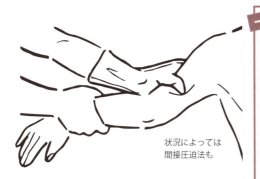

状況によっては間接圧迫法も

> **一口メモ　深いものは抜かない**
> 抜かないほうがよいものは大きなガラス片や長い釘などの深く刺さっている可能性があるもの。また、釣り針のように先が抜けにくい形状をしているものも抜かないほうがよい。判断に迷うようであれば、抜かないで受診を。

## 2 患部を保護する

異物が不意に触れて動かないように、患部を保護する。保護用の道具は異物の形状や大きさによって異なる。身の周りにあるものを利用することになる。

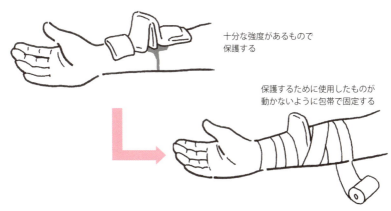

十分な強度があるもので保護する

保護するために使用したものが動かないように包帯で固定する

## 3 すみやかに病院へ

出血の状態によっては救急車を呼ぶ。また、異物を抜いた場合もキズが深ければ、すみやかに専門医に診てもらう。

# やけど（症状の判断）

やけどは、範囲、深さ、原因により対応が変わる。まずは冷静に状況を確認し、重ければ救急車を呼ぶ。応急手当は冷やすのが基本。

## 【症状】

やけどの症状は重症度によって異なる。軽度のものは皮膚がヒリヒリして赤くなるが、この程度であれば自然治癒することも少なくない。一方で重度のものは命の危険に関わる。やけどの重症度は面積や深さなどによって決まる。

## 【症状の判断① 面積】

### A 手のひらを1として患部の面積を知る

本人の手のひら（指も含む）の面積が、おおむね体全体の表面積の1％とされている。手のひらを目安にすることで、やけどの割合を知ることができる。

負傷者の手のひらを基準に考える

**一口メモ　20％を超えると重症**
当然のことながら、やけどをした面積が広いほど、危険な状況に近づく。一般的には20％を超えると重症とされ、よりすみやかな対応が求められる。

### B 部位の割合で患部の面積を知る

成人であれば「9の法則」、幼児であれば「ブロッカーの法則」というものがあり、それぞれ体の部位でやけどした面積の目安を知ることができる。

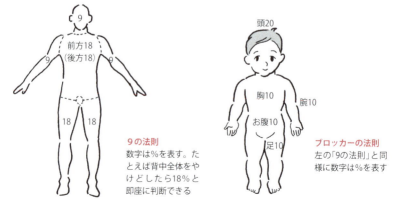

**9の法則**
数字は％を表す。たとえば背中全体をやけどしたら18％と即座に判断できる

**ブロッカーの法則**
左の「9の法則」と同様に数字は％を表す

# 【症状の判断② 深さ】

## A 状況や痛みなどから深さを知る

やけどは深さに応じて3段階にわけられる。やけどを負った状況や痛みから目安を知ることができる。

### ①表皮熱傷 深さⅠ度

・主な状況
お湯（沸騰はしていない）をあびたとき

・症状
皮膚が赤くなる、ひりひりとするなど

・対応
冷やすなどの応急手当をして、症状が改善されなければ病院へ

### ②真皮熱傷 深さⅡ度

・主な状況
沸騰した熱湯をあびたとき

・症状
水疱になる、表面がくずれるなど、激しい痛みと灼熱感

・対応
応急手当をして、すみやかに病院へ

### ③全層熱傷 深さⅢ度

・主な状況
熱した油や、火炎、爆風などをあびたとき

・症状
皮膚が蒼白になる。針などを刺しても痛みを感じなくなる

・対応
救急車を呼び、応急手当する

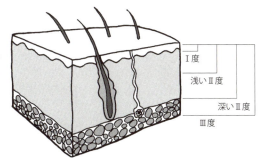

やけどの影響が皮下の深いところまで届くと全層熱傷となる

# 【症状の判断③ 原因】

## A やけどの原因を整理する

大きくは熱によるやけどと薬品によるやけどにわけられる。

### ①熱によるやけど

熱湯や油、火によるやけど。応急手当は冷やすのが基本。

### ②薬品によるやけど

水に反応する薬品もあるので、「何がかかったか」を確認をする必要がある。

# やけど（軽度）

軽度のやけどはとにかく急いで水で冷やすこと。範囲が広かったり、水疱になった場合は、病院へ行き、医師の診察を受ける。

## 【症状】
ここでいう軽度のやけどとは、熱いお湯（沸騰はしていない）に指が触れた場合など、範囲が広くなく、深さも比較的浅いやけどのことである。症状としては「皮膚が赤くなる」、「ひりひりする」などがある。

## 【応急手当】

### 1 流水で冷やす

やけどをしたらできるだけ早く水で冷やす。服は脱がず、その上から水につけること。

水疱を生じている場合は、直接水をあてない

**一口メモ　冷やすのは痛みが引くまで**

冷やすのは水道からの流水が理想で、水を流しながら洗面器にためてつける。「3分冷やして1分休ませる」を繰り返して、目安は15分以上冷やす。痛みがひくまで冷やし続けるのが基本である。

### 2 患部を保護する

市販の防水フィルムなどで患部を保護する。

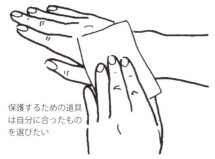

保護するための道具は自分に合ったものを選びたい

**一口メモ　バンソウコウを選ぶ**

すりキズ（32ページ）と同様に最近は、やけどをしたところは「湿った状態を保つ」という方法が主流となりつつある。そのようなタイプのバンソウコウも市販されている。

### 一口メモ 知っておきたいやけどの知識

やけどでできた水疱はつぶしてはいけない。このような情報を知っていることが、やけどで大事にいたらないことにつながる。

#### 水疱をつぶさない
やけどでできた水疱はつぶさないこと。病院へ行き、医師の治療を受ける。

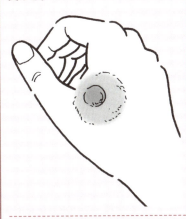

#### 子どものやけどは要注意
子どもは体の表面積が小さいため、パッと見では軽症のようでもじつはやけどをした面積が全体の20％におよぶ重症であることもある。急変することもあるので、目を離さないようにする。「痛みが引かない」、「水疱になった」などの場合は、すみやかに病院へ。

#### 低温やけどは怖い
使い捨てカイロ、電気アンカ、電気コタツなどで長時間熱して「低温やけど」になった場合は、見た目よりも深くやけどを負っている可能性もある。できるだけ早く医師の診察を受けたほうがよい。

#### 民間療法には頼らない
「やけどには植物の汁やみそなどの食品を塗るとよい」という説があるが、やけどを負うと皮膚の耐性が低くなるので、化膿する可能性がある。民間療法は盲信しないように気をつけたい。

# やけど（重度）

やけどの重症度に深く影響をするのは、やけどの深さと面積である。中等以上のやけどであれば、入院の必要があるとされている。

## 【症状】

やけどは範囲が広いほど、深さが深いほど、重症となる。イメージとしては「ちょっとしたやけど」でなければ、すみやかに診察を受け、「熱湯が背中全体にかかる」などの広い面積の場合は救急車を呼んだほうがよい。

## 【応急手当】

### 1 状況を確認して救急車を呼ぶ

やけどの重症度は面積と深さの関係で目安がわかる。ただし、医療従事者でないと判断は難しいので、「危ない」と思ったら救急車を呼んだほうがよい。

| 重症 | Ⅱ度30％以上、またはⅢ度10％以上の場合、また特殊部位（顔・手・生殖器など）のやけど、気道熱傷、化学薬品や電気によるものは重症と判断される | 総合病院へ入院 | 救急車を呼ぶ |
|---|---|---|---|
| 中等症 | 特殊部位を含まない、Ⅱ度15～30％の範囲、またはⅢ度2～10％の範囲 | 入院治療 | 救急車を呼ぶ |
| 軽症 | 特殊部位を含まない、Ⅱ度15％未満の範囲、またはⅢ度2％未満の範囲 | 外来治療 | すみやかに病院へ |

※面積や深さは**36ページ**を参照

広い範囲のやけどは早急な対応が必要。救急車の判断に迷ったら、救急相談センター「#7119」に電話をするとよい

## 2 患部を冷やす

やけどをした患部は、水で冷やす。広範囲であればシャワーやホースなどを利用する。

氷では冷やさない

衣類の上からやけどした場合は、脱がさずにそのまま水をかける

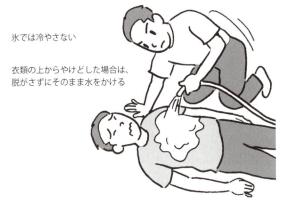

## 3 移送の準備をする

救急車の到着が遅れた場合、15分〜30分、十分に患部が冷やされて、痛みが治まってきたら病院へ移動する準備をする。

癒着していない部分は脱がしてもよい（癒着部分ははさみなどで切って脱がす）

冷水に浸したシーツなどを患部にかぶせる（患部は冷やすが、体は冷えないように、全体では保温をする）

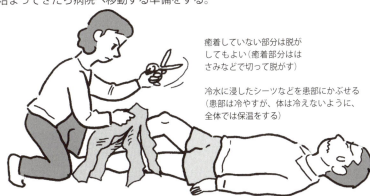

### 一口メモ　冷やすのは痛みが引くまで

子ども（乳幼児）は体が小さく、表面積が小さいので、やけど面積の比率が大きくなりやすく、それだけ重症化しやすい。できるだけ早く病院へ。浴槽に水が張ってあれば、衣服のままつけてもよい。ただし、体全体の冷やしすぎには注意が必要で、傷病者に震えがきたらやめる。

# 薬品によるやけど

熱ではなく、薬品の作用でやけどを負うこともある。多くは流水で洗い流すとよいが、水に触れるとさらに発熱する薬品もあるので要注意。

## 【症状】

たとえば工場で使用する塩酸などが皮膚に触れるとやけどが生じる。症状は熱湯や火によるやけどと同じで、「皮膚が赤くなる」、「ヒリヒリする」など。やけどの可能性がある薬品を扱う際には、十分な注意が必要である。

## 【応急手当】

### ❶やけどの原因を把握する

やけどを引き起こす可能性があるのは、酸、アルカリなどの刺激性の化学物質。注意が必要なのは粉末マグネシウムや生石灰で、水に触れると発熱する。

#### やけどの可能性があるもの

- カーバッテリー酸
- 清掃用製品
- 漂白剤
- 義歯洗浄剤
- 歯のホワイトニング製品
- プールの塩素化製品

#### とくに注意（水で洗い落とさない）

- 乾燥剤などに用いられる生石灰
- 実験などに使用する粉末マグネシウム

原因としては塩酸などを使った実験で、誤ってその薬品が皮膚に触れることなどがある

## 2 患部を冷やす(薬品によっては払い落とすだけ)

基本的には、すみやかに原因の薬品を拭き取り、流水で冷やす。原因が水に触れると発熱するものの場合は、すみやかに病院へ。

水道の流水で冷やす。水疱やただれがあるときは、洗面器などにためて水を流し、そこにつける

**一口メモ　石灰は払い落とす**

やけどの原因が炭酸マグネシウムや生石灰の場合、水に触れると皮膚に付着したものが発熱する可能性がある。無理のない範囲で払い落として病院へ。また、薬品によるやけども、範囲が広い場合などには救急車を呼んだほうがよい。

## 3 目に入ったら洗い流す

薬品が目に入ったら少量でも流水で洗い流し、口に入ったらうがいをして吐き出す。いずれも専門医を受診するのが基本で、状況によっては救急車を呼ぶ。

清潔な洗面器に水を張り、目を開けた状態で顔をつけて洗い流す

絶対に目はこすらない

決して飲み込まないように注意する

# 包帯の巻き方

包帯を巻くのは、患部を保護するときや患部を固定するときなど。患部の保護では、巻き終えてとめるときにキズの上は避けるようにする。

## 【包帯を使う】

包帯は適切な巻き方をしないと、すぐにゆるんできてしまうこともある。状況に応じた巻き方をできるようにしておきたい。なお、包帯にはいろいろな種類があり、もっともスタンダードなのは伸縮性のあるタイプだ。

## 【包帯を巻く（前腕などの患部の保護）】

### 1 キズ口にガーゼなどをあて、包帯を巻く

包帯を斜めから巻きはじめ、最後はキズの上を避けてとめる。

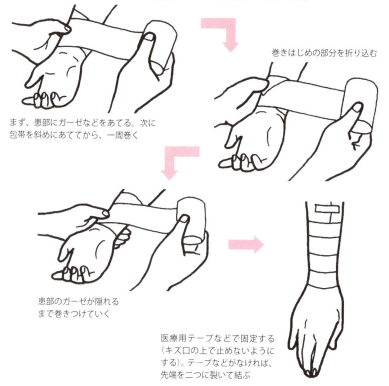

まず、患部にガーゼなどをあてる。次に包帯を斜めにあててから、一周巻く

巻きはじめの部分を折り込む

患部のガーゼが隠れるまで巻きつけていく

医療用テープなどで固定する（キズ口の上で止めないようにする）。テープなどがなければ、先端を二つに裂いて結ぶ

## 【包帯を巻く（ひざなどの患部の保護）】

### 1 キズ口にガーゼなどをあて、包帯を巻く

関節を中心に巻いてから、上下に交互に巻いていく。

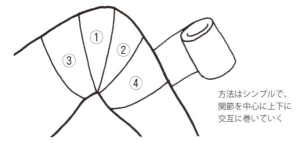

方法はシンプルで、関節を中心に上下に交互に巻いていく

## 【包帯を巻く（足首の固定）】

### 1 足の甲から包帯を巻く

ネンザなどの応急手当として足首を固定する場合は、足の甲から巻く。

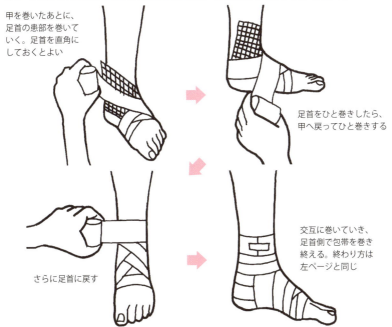

甲を巻いたあとに、足首の患部を巻いていく。足首を直角にしておくとよい

足首をひと巻きしたら、甲へ戻ってひと巻きする

さらに足首に戻す

交互に巻いていき、足首側で包帯を巻き終える。終わり方は左ページと同じ

# 三角巾の使い方

三角巾は首から腕を吊るだけでなく、さまざまに応用可能。帯にして巻いたり、しばったりと、応急手当の目的に合わせて使うことができる。

## 【三角巾を使う】

たとえば腕を骨折して固定する場合。腕を肩から吊るすのが基本だが、それには包帯よりも三角巾のほうが使いやすい。このように三角巾は応急手当でなにかと重宝するので、救急箱などに用意しておきたい。

## 【三角巾で腕を吊る】

### 1 腕を包むようにして首の後ろで結ぶ

まず三角巾を胸にあて、腕を包むようにして首の後ろで結ぶと、腕を吊るした状態になる。

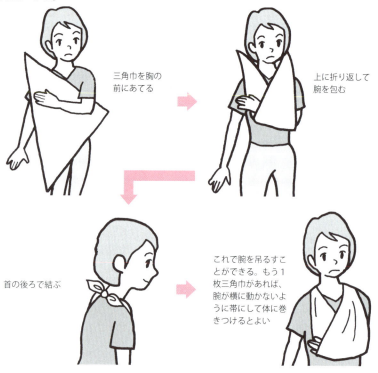

三角巾を胸の前にあてる

上に折り返して腕を包む

首の後ろで結ぶ

これで腕を吊るすことができる。もう1枚三角巾があれば、腕が横に動かないように帯にして体に巻きつけるとよい

# 【三角巾で帯をつくる】
## 1 半分に折っていく

三角巾を帯にする方法はシンプル。半分ごとに折っていく。

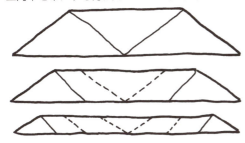

はじめは頂点を底辺に合わせて二つ折り。以降は使いたい幅になるまで半分ずつ折っていく

# 【三角巾を頭に巻く】
## 1 二つの帯で縦と横に巻く

頭部にケガをして保護したい場合は、二つの三角巾の帯で縦と横に巻く。

2枚の三角巾を用意して、それぞれ帯にする

患部にガーゼなどをあて、三角巾の帯を縦に巻く

次に帯を横に巻く。まずは縦に巻いた帯をひと回りさせる

そのまま横に巻いて、スタート地点の反対側で結ぶ

Column

# 救急車の判断に迷ったら「#7119」

**救急車を呼ぶかどうかを迷ったら、「#7119」に通報するとよい。東京都、大阪市など実施している自治体は増えている。**

### 救急車を呼ぶか迷ったときは#7119

　明らかな重症は躊躇なく救急車を呼ぶのが基本。その一方で、救急車の不適切な利用がニュースとして扱われることもあり、「痛みは強いものの我慢はできる」、「症状に波がある」というように判断が難しいケースも少なくない。「救急車を呼ぶかどうか」の判断に迷ったら「救急相談センター（#7119）」に相談するとよい。救急相談センターでは、傷病者の状態に応じた対応を受けられる。

　たとえば東京都の場合、救急相談センターは年中無休、24時間で対応していて、休日の事故や深夜に症状が急変したときにも相談できる。

### 救急相談センターは緊急時の心強い味方

　救急相談センターでは、救急相談と医療機関案内を受け付けている。救急相談では電話で伝えた症状に対して緊急性があるかどうかを教えてくれ、必要に応じて救急車が出動する。緊急性がない場合でも、いつ病院で受診するのがいいのかのアドバイスをしてくれたり、受診可能な病院を教えてもらうこともできる（この場合は自分で事前に病院に問い合わせてから行く）。

　2007年に東京都で始まった救急相談センターのサービスは、大阪市、北海道（一部）、奈良県など実施する地域が増えている。いざというときにそなえて、自分が住む地域の救急相談センターの状況を確認しておくとよい。

# 2章

# 一次救命処置

心臓が正しく機能していないと見られる人には
胸骨を圧迫するなどして、
心臓の働きをサポートすることが救命へとつながる。
これを一次救命処置という。
一次救命処置は「いざ」というときのために
ぜひ身につけておきたい。

# 一次救命処置とは

一次救命処置とは知識さえあれば一般の市民でも行える救命措置のこと。いざというときのために、しっかりと覚えておきたい。

## 【一次救命処置の考え方】

一次救命処置(BSL／Basic Life Support)には、特別な資格は必要ないし、特殊な器具や薬品も使わない。一般市民でも行える「胸骨圧迫」などを適切に実施することが、命を救うことにおおいに役に立つ。

## 【対応と救命率の関係】

### 1 一次救命処置の重要性を理解する

「いざ」という事態は決して他人事ではない。たとえば交通事故の場合、2015年の死亡者数は4117人。これはおよそ2時間8分に1人のペースである。一方、人体は、事故や病気で心臓が停止してそのままになにもしなければ、当然、死にいたる。この放置時間が長いほど救命率は低下し、1分ごとに7%から10%ずつ下がっていくといわれている。一方、救急車の到着は、全国平均で約5～6分といわれていて、手をこまねいているとあっという間に蘇生率は50%以下に下がってしまうことになる。つまり、重大なアクシデントは身近なものであり、「一次救命処置を行うか行わないか」で結果が大きく変わるということだ。

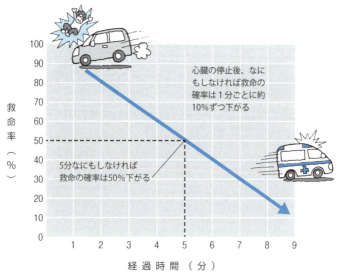

50

## 2 救命の連鎖を理解する

救命の必要が生じてから、救急車が到着し病院へ搬送されるまでの時間が短いほど救命率は高くなるが、その間の「救命の連鎖」が途切れてしまうと、そもそもの救命率は向上しない。救急車の要請、心肺蘇生法の実施、AEDの使用、そして二次救命処置へという一連の流れを途絶えさせないことが、一次救命処置の目的である。

**早い119番通報**
落ち着いてはっきりと119番に通報する

**早い応急手当**
救急車の到着前に応急手当を行う

**早い救急救命処置**
救急車の到着後に行われる高度な救命処置

**早い二次救命処置**
医療機関で行われる高度な救命処置

## 3 一次救命処置を身につける

事故・発病の直後、いかに早く救急車を呼び、「容態の確認→胸骨圧迫→AEDの使用」という救命措置をつなげていけるかで、救命の確率が変わる。最近は難易度や有効性との関係から人工呼吸よりも胸骨圧迫が重視されていて、どれも難しいものではない。知識だけではなく、「できるようにしておくこと」が重要だ。

胸骨圧迫は肋骨を押せばよい　　　　　　AEDの使い方は音声が案内してくれる

# 一次救命処置の流れ

一次救命処置をすみやかに行うために、ここではその流れを紹介する。一次救命処置は周りの安全を確認するところからはじまる。

## 【一次救命処置の実施】

一次救命処置はあわてずに行うことが求められる。交通事故では事故を起こした当事者はかなり動揺するし、アクシデントを起こした子どもの両親も同様。「その場に居合わせた人が行う」という発想も大切にしたい。

## 【一次救命処置の目的】

### 1 一次救命処置の目的を理解する

一次救命処置の目的は、救命などの三つ。専門医のように治療ではないので、プレッシャーを感じずに行いたい。

#### 目的① 救命
一番の目的は、生命を救うこと、「救命」である。救命を意識した手当を優先する。

#### 目的② 悪化防止
ケガや病気を治すために行うのではなく、現在以上に悪化させないことが目的である。見方を変えると、その次のステップである救急隊員による「救急救命処置」や医療機関で行われる「二次救命処置」にバトンを渡すための工程とも考えられる。

#### 目的③ 苦痛の軽減
傷病者は心身ともにダメージを受けるもの。できるだけ苦痛を与えない手当を心がけるとともに、励ましの言葉をかける。

一次救命処置では、まずは落ち着くこと。「助けよう」という意志も重要だ

# 【一次救命処置の流れ】

## 1 一次救命処置の流れを理解する

もっともシンプルに考えるなら、「呼吸を確認→呼吸していなければ胸骨圧迫→呼吸が戻らなければAEDを使用する」という流れになる(各手順については次のページから解説する)。

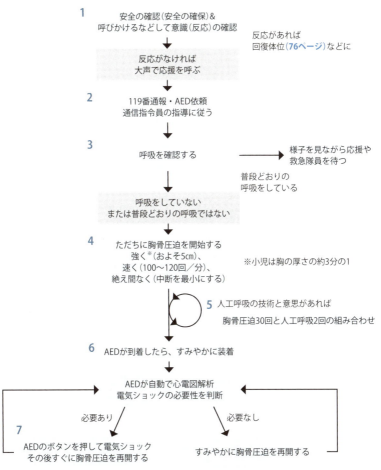

# 安全の確保&意識の確認

ここからは一次応急処置の方法を順を追って紹介する。まず、安全の確認（確保）から。これを怠るとアクシデントが重なることもある。

## 【安全の確保&意識（反応）の確認とは】
安全の確保では、次のアクシデントへとつながる可能性があるかどうかを判断する。次の意識の確認では、意識があるかどうかが救急車を呼ぶかどうかの分岐点になる。意識がなければ救急車を呼び、一次救命処置をはじめる。

## 【安全を確認する】

### 1 周りの状況を見きわめる

次のアクシデントが起きる可能性があるかどうかを見きわめる。交差点の交通事故などは、とくに要注意。安全な場所であれば右ページの次のステップへ。

傷病者に近づく前も周りの安全を確認する

**一口メモ　屋内でも注意が必要**

たとえば自宅でのガス漏れの場合、傷病者を助けようとあわててガスが残った部屋で手当をすると、自分までがガスの影響を受けてしまうことになる。場所を問わず、次のアクシデントを予防するように意識することが重要だ。

### 2 安全を確保する

続いてアクシデントが起きそうな場所であれば、傷病者を安全な場所に移動する。できるだけ安静を保つのが基本で、周りと協力するとよい。

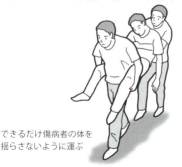

できるだけ傷病者の体を揺らさないように運ぶ

**一口メモ　動かせなければ……**

傷病者が頭を地面に強く打ちつけた場合など、動かすと症状が重くなることが予想されることも少なくない。そのような場合は、周囲に知らせて、協力しながら安全を確保する。

# 【意識（反応）を確認する】

## 1 声をかける

傷病者の耳元で大声を出して反応を見る。

「大丈夫ですか？」、「もしもし」などと声をかける。名前を知っていたら、名前を呼んでもよい

## 2 軽く肩を叩く

傷病者の肩を軽く叩くなどして反応を見る。反応がなければ次ページの次のステップに移る。

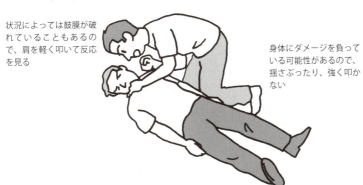

状況によっては鼓膜が破れていることもあるので、肩を軽く叩いて反応を見る

身体にダメージを負っている可能性があるので、揺さぶったり、強く叩かない

反応があり、傷病者と会話ができる場合は、どのような症状があるかを聞き、必要な応急手当を行う。強い痛みを訴えたり、意識が朦朧としている場合は救急車を呼ぶ。救急車の到着を待つ間は、無理がなければ回復体位（76ページ）がよい。

# 救急車を呼ぶ

反応がない場合は、まず周りに助けを求める。助けがきたら、「119番に通報すること」、「AEDを探してくること」の二つを依頼する。

## 【救急車を呼ぶまで】

傷病者の反応がなければ、救急車を呼ぶ。その到着を待つ間は応急手当を行うことになる。できれば周りと協力したほうがよく、119番への通報も冷静に状況を報告できる人が行うのが好ましい。

## 【助けを求める】

### 1 周りに知らせる

傷病者の反応がない場合、次に行うのは助けを求めること。屋外であれば、大きな声で周りに知らせる。

誰か来てください！人が倒れています！

**一口メモ　周りに人がいなければ……**

周りに人がいなければ、すみやかに自分が119番に連絡する。つながったら、落ち着いて質問に答えるように。

### 2 協力者に救急車を呼んでもらう

助けがきたら依頼することは二つ。「119番に通報すること」と「AEDを用意すること」である。それが済んだら次のステップ（呼吸の確認／58ページ）に進む。

あなたは119番に通報してください。そして、あなたはAEDを用意してください

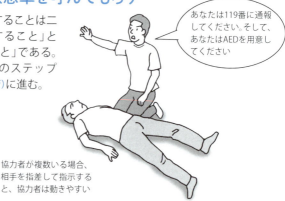

協力者が複数いる場合、相手を指差して指示すると、協力者は動きやすい

# 【救急車を呼ぶ】

## 1 119番に電話をかける

119番に電話をかける。なお、119番通報では、救急車の要請だけではなく、助言や指導をあおぐことができる。

電話がつながったら、「救急です」という。質問に従って場所と状況を伝える。通信指令員の指導を受けたら、それに従う

## 2 AEDを用意する

AEDを用意するように指示を受けた協力者は、すみやかにそのように務める。AEDは公共施設の管理者に聞けば見つけやすい。

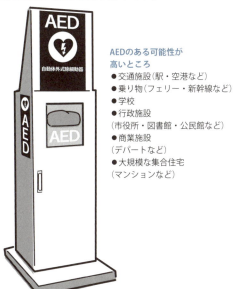

**AEDのある可能性が高いところ**
- 交通施設(駅・空港など)
- 乗り物(フェリー・新幹線など)
- 学校
- 行政施設
  (市役所・図書館・公民館など)
- 商業施設
  (デパートなど)
- 大規模な集合住宅
  (マンションなど)

# 呼吸を確認する

救急車を呼んだら傷病者の呼吸を確認する。呼吸していない場合はもちろん、呼吸しているかどうかの判断が難しければ次のステップに進む。

## 【呼吸の確認とは】

意識(反応)がなければ救急車を呼ぶ。ここからは、救急車の到着を待つ間にすることで、まずは呼吸を確認する。医療従事者であればいろいろな確認基準があるが、一般市民は胸とお腹の動きを確認する。

## 【呼吸を確認する】

### 1 胸とお腹の動きを確認する

呼吸の判断はすばやく行うことが求められる。胸とお腹の動きを確認するのが基本。

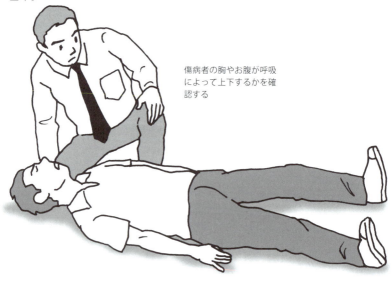

傷病者の胸やお腹が呼吸によって上下するかを確認する

> **一口メモ　判断に迷ったら次に進む**
> 呼吸の確認に手間どると、その間にも救命できる可能性が低くなってしまう。基本的には呼吸の判断は10秒以内に行うこと。判断に迷うようであれば、そこで時間をかけずに次のステップに移る。

## 2 普段どおりの呼吸であれば様子を見る

傷病者が普段どおりの呼吸をしていたら、無理には動かさないで、ラクな姿勢をとらせて、救急車の到着まで様子を見る。

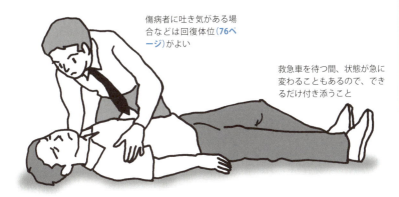

傷病者に吐き気がある場合などは回復体位（76ページ）がよい

救急車を待つ間、状態が急に変わることもあるので、できるだけ付き添うこと

## 3 呼吸に異常があれば次のステップに移る

呼吸をしていない場合はもちろん、胸やお腹の動きが弱ければ、すみやかに次のステップ（胸骨圧迫／60ページ）へと進む。

### 一口メモ いろいろな呼吸の確認方法

一刻を争う一次救命処置では、呼吸の確認は見て判断する。その他の呼吸の確認方法には、「傷病者の口元に耳を寄せて呼吸音を聞く」、「口元に頬を寄せて息を感じる」などがある。また、状態を確認するために、以前は脈を調べることが採用されていたこともあったが、正確な判断は一般市民には難しいため、最近は推奨されていない。

かつての主流は傷病者の口元に顔を寄せつつ、目で胸の動きを見ること。今はスピードを求めて、よりシンプルになったといえる

# 胸骨圧迫（成人）

胸骨圧迫は停止した心臓のかわりに、胸骨を押すことで心臓周辺に圧をかけて、血液を送り出し、脳や体に酸素を循環させるものである。

## 【胸骨圧迫とは】

傷病者の呼吸が確認できなければ胸骨圧迫に移る。これは心臓を動かすためではなく、胸骨を押すという外からの力で、心臓の働きのかわりを果たすためのもの。胸骨圧迫は呼吸が戻る、もしくはAEDが到着するまで行う。

## 【胸骨圧迫を行う】

### 1 胸骨圧迫の姿勢をとる

胸骨圧迫は肋骨に大きな力をかける必要がある。傷病者の横に座ったら、力を効率的に伝えるために、ヒジを伸ばして両手を重ねて傷病者の胸にあてる。

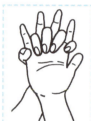

手の付け根部分に体重を乗せる。上側の指で下側の手を持ち上げるようにするとやりやすい。

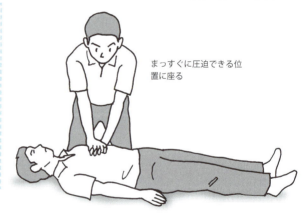

まっすぐに圧迫できる位置に座る

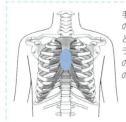

手を置くのは胸の真ん中（乳頭と乳頭を結んだラインの中央）の部分（図の丸の部分）。

ヒジは伸ばして圧迫する。ヒジを曲げると充分に力をかけることができない。

## 2 胸骨を圧迫する

体重をかけて胸骨を圧迫する。胸骨を沈める深さはおよそ5㎝、テンポは1分間に100〜120回が目安。絶え間なく行うことも大事。

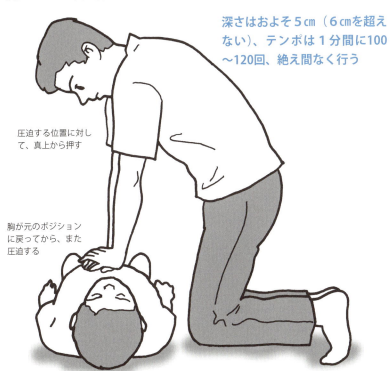

**深さはおよそ5㎝（6㎝を超えない）、テンポは1分間に100〜120回、絶え間なく行う**

圧迫する位置に対して、真上から押す

胸が元のポジションに戻ってから、また圧迫する

腕力だけで押しても、十分な力を加えられない場合は、ひざを浮かせて体重をのせるとよい。

**一口メモ　複数人いる場合は協力して行う**

複数の救助者がいる場合は、救助者が互いに注意しあって、深さやテンポが適切に維持されていることを確認しながら行う。また、救助者の疲れを考慮して、1〜2分ごとを目安に胸骨圧迫の役割を交代する。

# 胸骨圧迫（乳幼児）

対象が乳幼児であっても胸骨圧迫の基本は同じ。ただし、成人のように骨格ができあがっていないので、圧迫する力を考慮する必要がある。

## 【乳幼児の胸骨圧迫とは】

胸骨圧迫までの過程は成人と同様。「安全の確認→呼吸の確認」という流れだ。胸骨圧迫を続ける時間も共通していて、呼吸が戻る、もしくはAEDが到着するまで行う。

## 【乳児（1歳未満）】

### 1 胸骨圧迫の位置を決める

圧迫するための手（指）を置く位置は、胸の真ん中付近。乳頭と乳頭を結んだラインよりも少し下である。

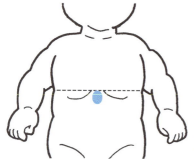

**一口メモ　あわてずに対応を**

乳児が呼吸をしていないと、どうしてもあわててしまうもの。とはいえパニックになってなにもしないと、救命できる確率が低くなることを常日頃から理解しておきたい。

乳頭を結ぶラインより少し下を押す

### 2 胸骨を圧迫する

成人と違い、乳児は体重をかけなくても、胸骨を圧迫できる。片手の2本の指（中指と薬指）を使う。

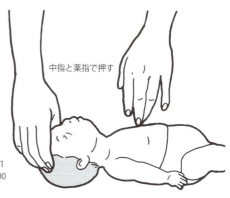

中指と薬指で押す

深さは胸の厚さの3分の1くらい、テンポは1分間100〜120回、絶え間なく行う

# 【幼児（1〜8歳）】

## 1 胸骨圧迫の位置を決める

成長の度合いにもよるが、胸骨圧迫で押す位置は成人と同じ、胸の真ん中の部分と考えてよい。

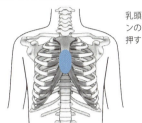

乳頭を結ぶラインの中央付近を押す

> **一口メモ　小学生でもできる**
> ここでは傷病者が小学生の場合の胸骨圧迫を紹介しているが、小学6年生になったら、反対に救助者として一次救命処置のスキルを身につけることができるといわれている。

## 2 胸骨を圧迫する

成人とは違い、片手で行う。圧迫して沈みこませる深さは胸の厚さの3分の1を目安にする。

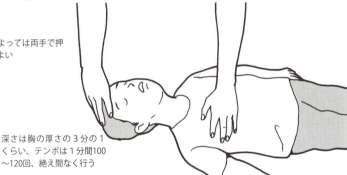

状況によっては両手で押してもよい

深さは胸の厚さの3分の1くらい、テンポは1分間100〜120回、絶え間なく行う

> **一口メモ　成人と子どもの違い**
> 成人であれ、子どもであれ、胸骨圧迫の基本は同じ。違いは骨格の成熟度に対応するための力のかけ方である。まとめると下の表のようになる。

|  | 成人（8歳以上） | 小児（1〜8歳未満） | 乳児（1歳未満） |
| --- | --- | --- | --- |
| 圧迫の位置 | 胸の真ん中（両乳頭を結ぶラインの真ん中／胸骨の下半分） | | 両乳頭を結ぶラインの真ん中より少し足側 |
| 圧迫の方法 | 両手で | 片手または両手で | 2本指で |
| 圧迫の深さ | 少なくとも約5cm（6cmを超えない） | 胸の厚さの約1/3 | |
| 圧迫のテンポ | 1分間あたり100〜120回を絶え間なく | | |

# AEDの到着と準備

AED（自動体外式除細動器）が到着したら、すみやかにAEDを使用する。
まず、傷病者の胸部を露出させて、AEDをケースから取り出す。

## 【AEDの到着まで】

AEDとは、心臓のリズムを正常に戻すための医療機器。救命のためには胸骨圧迫よりも優先されるものであり、協力者に頼んでいたAEDが到着したら、すみやかにAEDの使用へと移行する。

## 【AEDとは】

### 1 AEDを理解する

AED（自動体外式除細動器：Automated External Defibrillator）とは、血液を流すポンプ機能を失った状態の心臓に対して、電気ショックを与え、正常なリズムに戻すための医療機器である。電源を入れると自動で音声案内がはじまる（なかにはフタを開けると自動的に電源が入るものもある）。

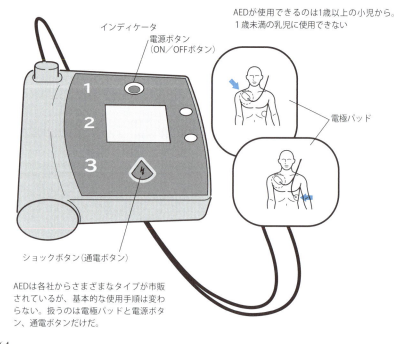

インディケータ
電源ボタン（ON／OFFボタン）
ショックボタン（通電ボタン）
電極パッド

AEDが使用できるのは1歳以上の小児から。1歳未満の乳児に使用できない

AEDは各社からさまざまなタイプが市販されているが、基本的な使用手順は変わらない。扱うのは電極パッドと電源ボタン、通電ボタンだけだ。

# 【AEDを準備する】

## 1 AEDを傷病者の横に置く

AEDをケースから出して傷病者の横に置く。電極パッドを使用するので、なるべく近くがよい。

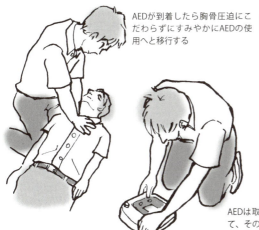

AEDが到着したら胸骨圧迫にこだわらずにすみやかにAEDの使用へと移行する

AEDは取り出さずにフタを開けて、そのまま使うタイプもある

**一口メモ　傷病者の顔の横がよい**

AEDは傷病者の肌に電極パッドを貼って使用する。そのパッドと本体をコードでつなぐため、置くのは傷病者の近くがよく、左側の顔の横付近がよいとされている。

## 2 傷病者の胸部を露出させる

AEDは電極パッドを肌につけて使用するので、傷病者の衣類（下着）を脱がせる。

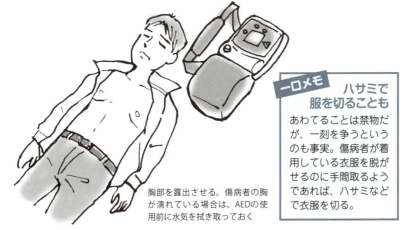

胸部を露出させる。傷病者の胸が濡れている場合は、AEDの使用前に水気を拭き取っておく

**一口メモ　ハサミで服を切ることも**

あわてることは禁物だが、一刻を争うというのも事実。傷病者が着用している衣服を脱がせるのに手間取るようであれば、ハサミなどで衣服を切る。

# AEDを使用する

AEDの準備が整ったら、電源を入れて電極パッドを傷病者に貼り、使用を開始する。AEDからは音声メッセージとランプで使用手順が説明される。

## 【AEDの使用法とは】

使用したことがない人は不安があるかもしれないが、AEDは電極パッドを傷病者に貼ったら、音声メッセージに従うだけであり、操作に悩むようなところはほぼない。なお、AEDの作動中は傷病者に触れてはいけない。

## 【AEDの使い方】

### 1 電源を入れる

AEDの電源を入れると、音声とランプで案内が開始される。

まずは電源ボタンを押す

**一口メモ　操作はシンプル**

AEDの操作で扱うのは、「電極パッド」と「電源ボタン(ON／OFFボタン)」、「ショックボタン(通電ボタン)」だけ(ただし、なかには「解析ボタン」を押すものもある)。種類によって配置は異なるが、わかりやすいように示してある。

### 2 電極パッドを貼る

電極パッドの袋を開封し、電極パッドのシールをはがす。電極パッドに貼りつけ位置が示されているので、それに合わせて傷病者に貼りつける。

電極パッドには貼りつけ位置が示されているので、それに従う

ケーブルを本体に差し込むものや成人用と小児用の2種類のパッドが入っている機種もある

## 3 AEDが心臓の波形(心電図)を解析する

電極パッドを貼ると「体に触れないでください」という音声が流れるので、すべての応急手当を中断して、傷病者から離れる。

「体に触れないでください」と音声が流れたら「離れて！」と周囲にも指示をする

解析のためにボタンを押す機種もある

## 4 ショックボタンを押す

AEDが電気ショックの必要ありと判断した場合、「ショックが必要です」などといった音声が流れ、自動で充電を開始する。充電が完了すると「ショックボタンを押してください」などのメッセージが流れるので、ショックボタンを押す。

●**AEDが自動で行う流れ**
①心臓の波形の解析
↓
②ショックの必要性の判断。必要性は音声で知らされる(ショックが必要ないという判断なら、胸骨圧迫を続ける)
↓
③ショックが必要であれば充電
↓
④充電の完了を音声で知らせて、ショックボタンが点灯する

「ショックボタンを押してください」という音声が流れたら、自分も含めて傷病者に触れている人がいないことを確認してから、ショックボタンを押す

# 胸骨圧迫・AEDを繰り返す

AEDのショックが終わったら、すみやかに胸骨圧迫を再開する。あとでAEDを使用するので、電極パッドはそのままの状態で行う。

## 【AED使用後の流れ】

一次救命処置は「AEDによるショックが終わったら、そこで終わり」ではない。救急車の到達を待つ間、傷病者の呼吸が安定するまで胸骨圧迫を続ける。次のショックのタイミングはAEDが案内してくれる。

## 【胸骨圧迫を再開する】

### 1 胸骨圧迫の姿勢をとる

AEDによる電気ショックが終了すると、胸骨圧迫を再開するように音声が流れる。音声に従い、すみやかに胸骨圧迫の姿勢をとる。

### 2 胸骨を圧迫する

電極パッドを装着したまま、胸骨を圧迫する。方法はAEDの使用前と同様。深く、テンポよく、絶え間なく行う。

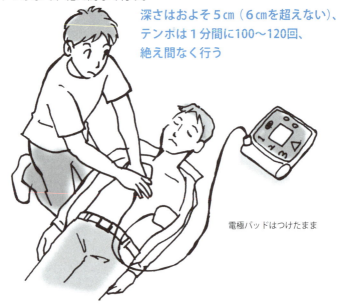

深さはおよそ5cm（6cmを超えない）、テンポは1分間に100～120回、絶え間なく行う

電極パッドはつけたまま

# 【AEDを再使用する】

## 1 AEDの音声に従って電気ショックを行う

一定時間(基本的には2分)ごとにAEDは自動的に心臓の波形(心電図)を解析する。電気ショックが必要であれば、音声で知らせてくれる。

AEDから離れるように音声が流れたら、全員が傷病者から離れる

ショックボタンを押すと傷病者が跳ね上がるような動きをするが、それに驚かない

「ショックボタンを押してください」という音声が流れたら、自分も含めて傷病者に触れている人がいないことを確認してから、ショックボタンを押す

## 2 胸骨圧迫に戻る

電気ショックが終了したら、再び胸骨圧迫に戻る。以降は救急隊員が到着するまで、「胸骨圧迫→AEDによる電気ショック」を繰り返す。

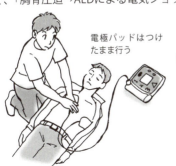

電極パッドはつけたまま行う

**一口メモ 胸骨圧迫は続ける**

AEDの電気ショックが奏功した場合でも直後の自己心拍は弱く、循環の回復にはいたっていないことが多い。基本的には胸骨圧迫を続けることになる(回復後に続けていても問題はない)。

# 救急隊員に引き継ぐ

救急車（救急隊員）が到着したら、すみやかに傷病者を引き継ぐ。胸骨圧迫は絶え間なく行いたいので、協力者が救急隊員を誘導するのが理想。

## 【救急隊員への引き継ぎとは】

救急隊員が到着しても、救急隊員の指示があるまで胸骨圧迫やAEDの使用は継続する。救急隊員には落ち着いて、聞かれたことを答える。ここまで行って、救命連鎖の次の段階へとバトンを渡したことになる。

## 【救急隊員に引き継ぐ】

### 1 胸骨圧迫・AEDを続ける

救急車（救急隊員）が到着するまでは「胸骨圧迫→AEDの使用」を繰り返す。

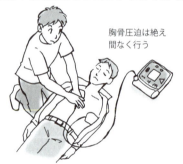

胸骨圧迫は絶え間なく行う

**一口メモ　胸骨圧迫は続ける**

胸骨圧迫は続けるのが原則。ある報告では、「AEDにより自己心拍再開が得られた症例の約90％は、AED直後は胸骨圧迫が必要な状態であった」とされている。救命講習でもショックボタンを押す前までで終わってしまうことがあるが、その重要性はしっかり認識しておきたい。

### 2 協力者は救急隊員を誘導する

救急車のサイレンの音が聞こえたら、協力者は表に出るなどして、救急車がスムーズに到着できるように行動する。

救急車が来たらアピールを

**一口メモ　サイレンは必要**

住宅地では「近所に迷惑をかけたくない」などの理由で、救急車のサイレンを嫌がる人もいる。しかし、救急車はサイレンを鳴らしていないと緊急自動車とは認められない。人命優先のためにはサイレンが必要であることを理解しよう。

## 3 救急隊員の質問に答える

救急隊員が到着したら、指示に応じて、すみやかに傷病者を引き継ぐ。救急隊員の質問には落ち着いて答える。

基本的に救急隊員には次のような事項を伝える。ただし、救急隊員の質問に答えるかたちにしたほうがスムーズである。
- 傷病者の倒れた(ていた)状況
- 実施した応急手当
- AEDの電気ショックの回数(ただし、AEDは自動的に心電図波形やショックの回数を記録しているので厳密でなくてもよい)

救急隊員に同乗を求められたら、それに従う

---

**一口メモ　胸骨圧迫・AEDを中断するときの判断**

胸骨圧迫は基本的には続けるものであるが、救急隊員に引き継いだとき以外では、次のような場合には中断をして、様子を見てもよいとされている。なお、中断以降は回復体位(76ページ)などの安静を保てる姿勢をとらせる。

①**呼びかけにしっかりと答えた**
呼びかけへの応答は意識が戻ったという証拠でもある

②**普段どおりの呼吸に戻った**
ただし、胸骨圧迫に悪い影響はないので、判断に迷うようであれば続ける

③**目的のある仕草をした**
とくに胸骨圧迫を嫌がる素振りをしたら、無理に続ける必要はない

呼びかけに答えたら、胸骨圧迫を中断してもよい

# 人工呼吸

人工呼吸とは十分な呼吸運動ができない人に対して、人工的に呼吸を補助することである。ここでは口と口を接して行う方法を紹介する。

## 【人工呼吸とは】

傷病者の口と自分の口を接して行う、いわゆる「マウス・ツー・マウス」は、以前は一次救命処置に欠かせないものであった。しかし、衛生面の問題や胸骨圧迫でも十分な効果が期待されることなどから最近は以前ほど重視されていない。

## 【気道を確保する】

### 1 傷病者の頭の横にヒザをつく

人工呼吸を行う前に、まずは空気が口(鼻)からしっかりと肺まで届くように体勢を整える。救助者は傷病者の頭の横にヒザをつく。

### 2 傷病者のあご先を持ち上げる

傷病者を仰向けに寝かせたら、片手をその額にあて、もう一方の手の指先をあごにあてる。あご先を軽く持ち上げて、顔がのけぞるような姿勢にする。

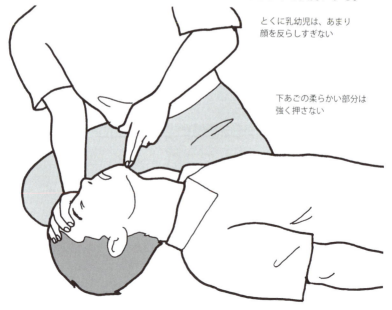

とくに乳幼児は、あまり顔を反らしすぎない

下あごの柔らかい部分は強く押さない

# 【人工呼吸を行う】

## 1 口対口で空気を送り込む

気道を確保したのと同じ状態で傷病者の顔に自分の顔を近づけ、口対口で空気を送り込む。

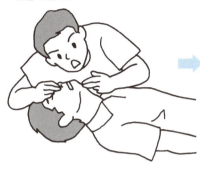

傷病者の額にあてた手で鼻をつまみ、自分は息を大きく吸い込む

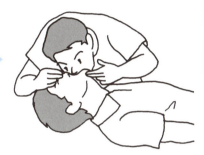

口を大きく開け、傷病者の口を丸ごと覆う

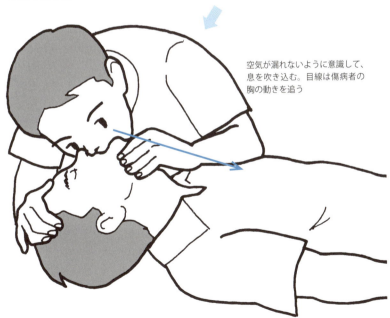

空気が漏れないように意識して、息を吹き込む。目線は傷病者の胸の動きを追う

胸が下がるのを確認してから、また吹き込む。一次救命処置では2回人工呼吸を行ったら、次に胸骨圧迫へと進む

# 心肺蘇生法

胸骨圧迫と人工呼吸の組み合わせを心肺蘇生法という。救急車の到着を待つ間、人工呼吸の技術と意思があれば、こちらを行ってもよい。

## 【心肺蘇生法とは】

心肺蘇生法（CPR：Cardio Pulmonary Resuscitation）」は、胸骨圧迫を30回、人工呼吸を2回を行って1サイクルとする。かつては一次救命処置のスタンダードであったが、現在は人工呼吸は省略してよいとされている。

## 【心肺蘇生法を行う】

### 1 胸骨圧迫を30回行う

心肺蘇生法を行うのは傷病者の呼吸がなく、胸骨圧迫（60ページ）を開始してから。それまでの流れは53ページの図のように胸骨圧迫だけの場合と同じ。

胸骨圧迫を30回行う

**一口メモ　心肺蘇生法の必要性**

心配蘇生法が一次救命処置で重視されなくなったのは、人工呼吸の難しさや衛生面の問題もある。一般市民には胸骨圧迫だけでも効果が得られる可能性が高いということで、人工呼吸の技術と意思があれば行うことは否定されてはいない。

### 2 人工呼吸を2回行う

胸骨圧迫30回に続いて、人工呼吸（72ページ）を 2 回行う。

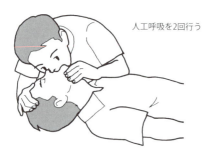

人工呼吸を2回行う

心肺蘇生法では胸骨圧迫と人工呼吸を交互に繰り返す

# 【複数人で行う心肺蘇生法】

## 1 役割を分担して行う

理想は3人で行うこと。この場合は2人が交代で胸骨圧迫を30回行い、感染防護具がある1人が2回の人工呼吸を行う。

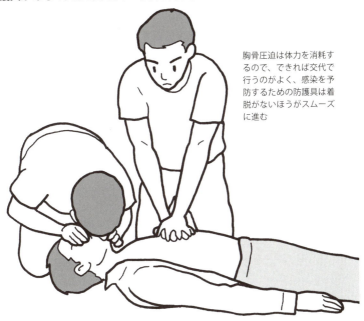

胸骨圧迫は体力を消耗するので、できれば交代で行うのがよく、感染を予防するための防護具は着脱がないほうがスムーズに進む

---

### 一口メモ　人工呼吸がよい場面

胸骨圧迫だけでも効果が期待されるが、人工呼吸を加えたほうがよい場面もある。それは窒息が原因と思われるケース。具体的にはのどに何かをつまらせた場合や水難事故、小児の心停止である。人工呼吸はまず気道を確保することが基本で、その際にのどにつまった異物を取り除ける可能性もある。この場合も人工呼吸の技術と意思がなければ胸骨圧迫を優先する。

また、口対口での人工呼吸がためらわれる場合や、感染症のリスクを回避するためのものとして、簡易型の感染防護具がある。シート型とマスク型があり、通信販売などで入手できる。

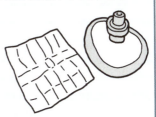

# 回復体位

回復体位は傷病者に急な様態の変化が起こっても大事にいたらないよう配慮された姿勢。安静を保つ場合はこの姿勢をとることが望ましい。

## 【回復体位とは】

一次救命処置では呼吸を通常どおりにしている場合に救急車の到着を待つ間、回復体位をとることが望ましい。回復体位は横向きに寝るのが基本。ただし、無理をする必要はなく、意識があればラクな姿勢でよい。

## 【回復体位をとる】

### 1 安全な場所を確保する

回復体位は横向きに寝るので、安全な場所であることが前提。交通事故などで次のアクシデントの可能性がある場所なら、安静を保ちつつ、移動するなどして、安全を確保する。

### 2 回復体位をとる

回復体位は嘔吐にそなえて横向きに寝かせる。また、長時間同じ姿勢をとらせないで、ときおり向きを変える。

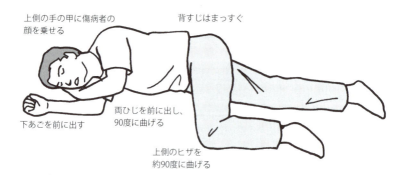

### 一口メモ 回復体位にはそれぞれの理由がある

ラクな姿勢であることが前提だが、回復体位にはそれぞれに理由がある。まず下あごを前に出して、背すじを伸ばすのは気道を確保するため。上側の手の甲に傷病者の顔をのせて、上側のヒザを90度に曲げるのは姿勢を安定させるためである。

# 【安静な体位をとる】

## 1 痛みのない安静な姿勢を保つ

意識があったり、嘔吐の心配がない場合は回復体位でなくてもよい。傷病者の希望を聞きながら、ラクな体位を保つ。

**仰臥位**
もっとも基本的でラクな姿勢

**膝屈曲位**
腹痛を訴えているとき

**腹臥位**
嘔吐したときや背中を痛めたとき

**半座位**
胸の痛みや頭のケガ

**足側高位**
貧血や出血性ショックのとき

**座位**
胸が痛い、呼吸が苦しいとき

---

**一口メモ　傷病者を一人にしないで付き添う**

状態が回復して救急車を待つ間も、傷病者の状態は観察し、より安静な状態を保てるようにする。その際には傷病者の希望を聞いて、衣服はゆるめてラクな姿勢を保つ。また、状況にもよるが、傷病者の体温の低下は症状の悪化を招くこともあるので、全身を毛布で包み、保温したほうがよいケースは多い。

# 傷病者を運ぶ

一次救命処置は安全を確保するところからはじまる。状況によっては傷病者を運ぶ必要があり、その際にも安静を保たなければいけない。

## 【傷病者の運び方】

傷病者を運ぶ際には、傷病者にもっとも適応した体位（傷病者の望む体位で）が基本。一人で運ぶ方法には2タイプあるが、できるだけ安静を保つために協力者とともに運ぶのが好ましい。

## 【一人で背負って運ぶ】

### 1 担ぎ上げて手首を握る

意識がない傷病者を背負って運ぶのは緊急事態のみ。傷病者を大きく動かすことになり、安静は保ちにくい。担ぐ際には自分も横になる。背中に担いだら、傷病者の手首を握るのがポイント。

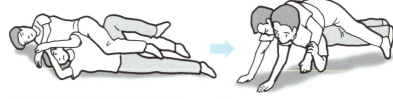

傷病者に添うように寝て、傷病者の手首を握る。片足を傷病者の足の間に差し込み、差し込んだ足のヒザを曲げる

傷病者の手首と足を固定したまま回転し、うつ伏せになる。傷病者が十分に自分の背中に乗っているかを確かめる

ゆっくりと立ち上がる

傷病者の手首をしっかり握って進む

# 【一人で引っ張って運ぶ】

## 1 後ろから抱えて引っ張る

一人で引っ張る場合は、傷病者を後ろから抱えて手首を握る。傷病者の腰を少し持ち上げる程度に引っ張って進む。

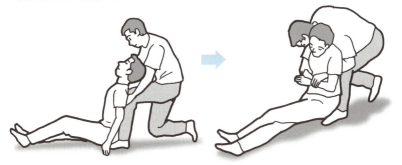

傷病者の両肩の下に手を入れ、肩を少し持ち上げたところで片方の足先を入れながら傷病者を起こしていく

両わきから手を入れ、傷病者の両手首をしっかり握ってゆっくり立ち上がる。移動は傷病者の腰を少し持ち上げて引っ張る

# 【複数人で運ぶ】

## 1 協力者と分担する

できるだけ安静を保ちながら運ぶのは複数人の場合も同様。傷病者の部位ごとに分担する。毛布があれば、その端を持つなどして担架として使ってもよい。

二人で運ぶ場合は胴体と足にわける。進むのは傷病者の足の方向

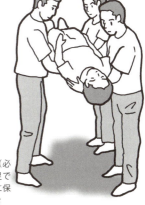

三人で運ぶ場合は頭(必ず支える)と胴体、足で分担。傷病者を水平に保ち、足のほうへと進む

# 救命講習を受けよう

消防庁などは応急手当を学べる救命講習を実施している。受けておくと、「いざ」というときの落ち着いた的確な対応に役立つ。

## 救命講習は一般人でも受けられる

応急手当などの方法を学べる救命講習は、消防庁や日本赤十字社、医療団体などが主催し、各地で開催されている。いろいろなタイプがあるが、一般向けの講習会であれば誰でも受講できる。

ちなみに消防庁の救命講習は、講習の内容により普通救命講習、上級救命講習などの種類があり、受講料（教材費）は3時間の普通救命講習で1400円ほど。受講後には救命技能認定証がもらえる。技能の維持や一次救命処置の進化に対応するためにも、3年以内に再度受講することが推奨されている。

## 開催日などはインターネットでチェック

一般的な講習会の主な内容は、応急手当の重要性の説明にはじまり、実技として胸骨圧迫と人工呼吸の方法（心肺蘇生法）、AEDの使い方、異物除去（気道確保）、止血の方法など。他にも、子どもの応急手当、骨折やネンザ、やけどなど各種症状ごとのケガの応急手当の方法が含まれていることもある。

救命講習を受けるには、まずは地域名と「救命講習」でインターネット検索をするのが早道。近隣での直近の開催日を調べて申し込む。中学生以上が受講対象となっていることが多い。日本赤十字社の各都道府県支部のウェブサイトでも救急法基礎講習の開催日が告知されている。こちらの参加資格は15歳以上で健康であることとなっている。

# 3章

# 体調不良の応急手当

急な頭痛や胸痛、腹痛は
命の危険に関わることもある。
「いつもと違う、激しい痛み」は
躊躇なく救急車を呼び、
その到着を待つ間は
必要に応じて応急手当を行う。

# 頭痛

頭痛には多くの原因があり、脳が関係していることもあるので軽視できない。激しい痛みを訴えるようであれば救急車を呼ぶ。

## 【症状】

大きくは症候性頭痛と慢性頭痛にわけられる。症候性頭痛とは何らかの疾患が原因で引き起こされるもので、突発的に生じる。慢性頭痛は文字どおり慢性的に痛みがあるものである。痛みの度合いなどは原因により多岐に渡る。

## 【状況を確認する】

### 1 危険な頭痛を知る

頭痛はさまざまなタイプがあるが、とくに注意が必要なのが、脳梗塞や脳出血という脳の障害である。脳の障害はめまいなどの前触れがあることもあるが、突然、頭に痛みを感じることが多い。

#### 危険な頭痛
・痛みが今までにないほど強い
・突然の激しい痛み
・痛みが断続的に生じて徐々に強くなるなど

#### 危険な頭痛にともなう症状
（脳は関係しているが頭痛はともなわないこともある）
・めまい
・吐き気
・けいれん
・体の一部の麻痺
・言葉が出ない

突然、頭が割れるように痛み出したら、脳の障害の可能性がある。救急車を呼んだほうがよい。

---

**一口メモ　慢性的な頭痛の原因**

頭痛の原因と症状はさまざま。判断は難しく、基本的には病院で診てもらったほうがよい。たとえば頭の片側がズキンズキンと脈打つように痛む偏頭痛は慢性頭痛の代表例。慢性頭痛の原因はまだ完全には解明されていないが、研究は進んでいて、処方箋で症状が軽くなることも少なくはない。

# 【激しい頭痛の応急手当】

## 1 安全な場所に運ぶ

動くのが困難な場合は、体を水平に保ったまま、できるだけ多くの人数で静かに運ぶ。

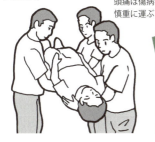

頭痛は傷病者を慎重に運ぶ

> **一口メモ　安静を保ちたいが……**
> 脳の障害の場合は、できるだけ傷病者を動かさないほうが好ましい。交通事故などの次のアクシデントにつながる可能性が高い場合は、周囲に協力を求めるなど、その場に応じた対応が求められる。

## 2 救急車を呼ぶ

脳の障害による頭痛なら一刻を争う。痛みを強く訴えるようであれば、救急車を呼ぶ。

脳の障害が疑われるときは救急車を呼ぶ

> **一口メモ　自分では運転しない**
> 頭が痛むときは、病院に向かう際にも自分では運転しないこと。運転中に意識を失うこともある。

## 3 意識(反応)を確認してラクな姿勢をとらせる

呼びかけるなどして意識を確認する。意識がなければ、救急車が到着するまで回復体位をとらせる。

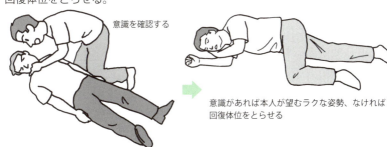

意識を確認する

意識があれば本人が望むラクな姿勢、なければ回復体位をとらせる

# 胸痛

心筋梗塞はガンや脳血管疾患とともに三大死因と称される。心筋梗塞の特徴的な症状は突然の激しい胸痛である。

## 【症状】

胸の痛みの原因としては心臓や肺の障害が考えられる。とくに気をつけたいのは心筋梗塞で、一刻も早い対応が必要である。その他には自然気胸などの肺の障害の可能性もあり、肋骨の骨折も胸痛を引き起こす。

## 【状況を確認する】

### 1 危険な胸痛を知る

急に胸の痛みが生じた場合は心筋梗塞の可能性がある。心筋梗塞の痛みは激しく、「火箸を胸に突き刺されたような激痛」とも表現される。

### ●心筋梗塞とは?

心筋梗塞は心臓の筋肉（心筋）に血液を送る冠動脈が関係する。冠動脈が完全にふさがり、心筋に血液が流れなくなった状態を心筋梗塞といい、冠動脈が完全にふさがる前の状態を狭心症という。血液不足の状態が30分以上続くと、心臓壁の一部が壊死し、やがては命を失うことになる。

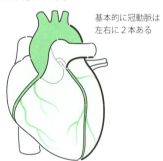

基本的に冠動脈は左右に2本ある

### ●心筋梗塞の症状

主な症状は次の通り（例外的に痛みをともなわないケースもある）。また、狭心症の場合、痛みはやがておさまるが、それが心筋梗塞へとつながる可能性もある。
・胸を押しつぶされるような激しい痛み
・暑くもないのに冷や汗が出る
・胸や腹に感じるむかつき
・めまいや吐き気
・顔面蒼白になる

突然の激痛はもちろん、胸痛は狭心症の可能性があるのですみやかに病院へ

# 【激しい胸痛の応急手当】

## 1 安全な場所に運び、救急車を呼ぶ

突然、胸に激しい痛みが生じた場合は、心筋梗塞が疑われる。傷病者を安全な場所に運び、救急車を呼ぶ。

心筋梗塞は一刻を争う

**一口メモ　自分では運転しない**

突然の頭痛と同様に、運転中の急な体調の変化にそなえて、胸の痛みがあれば自分では運転しない。もし、運転中に激しい胸痛を感じたら、すみやかに車を左側に寄せて停止し、119番に通報する。

## 2 救急車の到着まで安静を保つ

救急車が到着するまでは傷病者がラクな姿勢で安静を保つ。

仰向けを基本に傷病者のラクな姿勢をとらせる

着衣をゆるめる

**一口メモ　必要に応じて胸骨圧迫を**

救急車の到着を待つ間は傷病者に寄り添い、しっかりと監察を。呼吸が確認できなくなったら、すぐに胸骨圧迫をするなど、一次救命処置（50ページ）に沿った応急手当を心がける。

原則は傷病者がラクな姿勢であること。「呼吸の苦しさを訴えるときは、上体を起こす」、「寒気があるときは毛布で包む」など柔軟に対応したい。

3章　体調不良　胸痛

# 腹痛

腹痛は頻度が高く、安静にしていれば、時間とともに痛みが軽減することも少なくない。ただし、いつもと違う場合は軽視は禁物である。

## 【症状】
お腹には多くの臓器が含まれている。基本的には「胃に問題があればお腹の中央付近が痛む」というように、問題の部位に対応した箇所に痛みが生じる。痛み方は軽い違和感程度から歩行も困難になるほどまで、原因により幅広い。

## 【状況を確認する】

### 1 痛む場所で原因を推測する

腹痛の判断は難しい。専門的な治療が必要なことも多いので、「いつもと違う腹痛」であれば、すみやかに受診する。痛む箇所ごとの目安としては、次のようなことが考えられる。

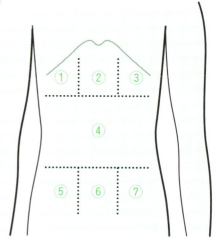

#### ①右側の肋骨の下付近
とくに胆石症は激しい腹痛を引き起こす

#### ②みぞおち周辺
原因としては「急性胃炎」、「十二指腸潰瘍」、「胃潰瘍」などが考えられる

#### ③左側の肋骨の下付近
急性膵炎などの膵臓の疾患が考えられる

#### ④おへその周辺
おへそ周辺の痛みの大部分は急性小腸炎、急性大腸炎などの腸の疾患が原因である

#### ⑤お腹の右下
もっとも可能性が高いのは急性虫垂炎(いわゆる盲腸)である

#### ⑥下腹部
下腹部が痛み、下痢と便秘を繰り返すときは過敏性腸症候群が疑われる

#### ⑦お腹の左下
急性大腸炎、潰瘍性大腸炎、過敏性腸症候群などの大腸の疾患が多い

#### ⑧腹部全体
腹部全体に感じる激しい痛みの原因は腸閉塞(イレウス)や急性腹膜炎などが考えられる

# 【激しい腹痛の応急手当】

## 1 安全な場所に運び、救急車を呼ぶ

いつもとは違うような痛みを感じたときには、安全な場所に移動し(運び)、救急車を呼ぶ。

激しい痛み以外に次のような症状があるときには、救急車を呼ぶことを検討する
- お腹が痛くて体が動かせない
- 悪寒や吐き気をともなう
- 妊娠中の激しい腹痛

119番への通報は周りの人に頼んでもよい

## 2 ラクな姿勢をとる

激しい痛みで救急車を呼んだら、着用している衣服をゆるめて、できるだけラクな姿勢をとる。

ラクな姿勢を保つために衣服で締めつけない

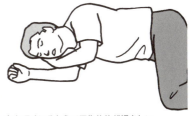

急な嘔吐にそなえて回復体位が好ましい

## 3 保温して救急車を待つ

呼びかけるなどして意識(反応)を確認する。意識がなければ、救急車が到着するまで保温する。

激しい腹痛は寒気を感じることも少なくない

腹痛は患部を温めると痛みが軽減することもある。湯タンポなどを使うという選択肢もある。

3章 体調不良 腹痛

# 呼吸困難

呼吸困難の原因は、肺炎などの内臓の疾患の他に、精神的なストレスも考えられる。まずは安静にして、症状が改善されなければ救急車を呼ぶ。

## 【症状】

呼吸困難は、息を吐くときの呼気性、吸うときの吸気性、その二つのどちらも困難である混合性にわけられる。呼気性は気管支喘息、吸気性はノドの一部の炎症、混合性は気胸（肺を包む膜に穴が開いている状態）などが考えられる。

## 【状況を確認する】

### 1 代表的な呼吸困難を知る

呼吸困難にはいろいろなタイプがある。アレルギーや精神的なストレスであることが多い。

#### アレルギーによる気管支喘息

アレルギーの原因には室内のダニや、イヌやネコなどの動物、花粉などいろいろなものがある。なお、喘息は成人になってから発症することもあり、その場合はアレルギーの原因を特定できないことも多い。

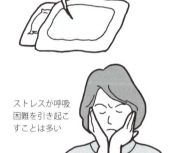
布団のダニも原因の一つ

#### 心理的なストレスによる過呼吸

強い不安や恐怖、緊張などの精神的ストレスをきっかけに、急に「息が吸えなくなる」などの呼吸困難に陥ることもある。この状態を過呼吸（過換気症候群）という。過呼吸の説明は**148ページ**。

ストレスが呼吸困難を引き起こすことは多い

#### 異物のつまり

餅などの食べ物や誤って口に入れたオモチャなどが気道（のど）につまると、呼吸困難へとつながることになる。詳しくは**92ページ**。

餅を喉に詰まらせる事例は毎年、あとを絶たない

# 【気管支喘息の応急手当】

## 1 ラクな姿勢をとる

喘息の発作が起こったら、まずはラクな姿勢をとる。

基本的には上体を起こしたほうがラクになる

着用している衣服は呼吸をしやすいようにゆるめる

## 2 水分を補給する

水分を補給すると症状が軽減することが多い。

喉が乾燥しやすいので常温の水を口に含んだり、加湿器で部屋の湿度を上げるとよい

背中をさすることは安心感を与えることであり、症状の軽減につながることもある。

---

**一口メモ　処方箋を服用する**

気管支喘息は吸入薬の効果が高い。気管支喘息の疑いがある場合は、あらかじめ専門医に診てもらっておくと、突然の発作にも対応しやすい。また、安静を保つことで症状が軽減されることも多いが、回復の兆しが見えなければ、救急車を呼ぶことも検討する。

3章　体調不良　呼吸困難

# 吐き気・嘔吐（おうと）

吐き気を生じる代表的な例が、いたんだ食品を食べた場合で、嘔吐は胃や体を守るための作用である。この場合は吐けるだけ吐くのがよい。

## 【症状】

吐き気や嘔吐を引き起こすものには、いたんだ食品を食べた、いわゆる食あたりの他に、風邪や乗り物酔いなどがある。軽度のものは吐けるだけ吐いて、安静を保ち、様子を見る。ただし、頭を打ったあとなどは注意が必要。

## 【状況を確認する】

### 1 吐き気の原因を知る

的確な対応には、なにを食べた（飲んだ）か、あるいは直前になにが起こったかで、吐き気や嘔吐の原因を特定することも大切。とくに思い当たる原因がない場合は疾患である可能性が高い。すみやかに病院へ。

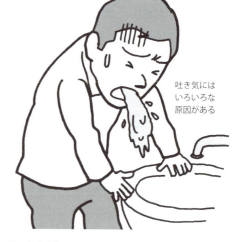

吐き気にはいろいろな原因がある

### 外傷性
頭を強く打ったときには、吐き気が起きることがある。注意が必要なケースとなる。

### 疾患
インフルエンザや食中毒は細菌やウイルスが関係していて、吐き気の原因になる。食中毒は症状に差があり、重度のものは命の危険に関係する。

### 疾患
急性胃炎などの消化器の疾患は吐き気をもよおすことがある。また、内耳の異常や脳卒中、心筋梗塞、緑内障なども吐き気を引き起こす。

### 食べすぎ
食べすぎや飲みすぎ、アルコールの摂りすぎは嘔吐の原因になる。

### その他
乗り物酔い、妊娠初期のつわり、ストレスによる心因性の吐き気などさまざまな原因が考えられる。

## 【応急手当】

### 1 吐けるだけ吐く

意識がある場合は吐くだけ(吐けるだけ)、吐く。

基本的には吐けるだけ吐いたほうがよい

**一口メモ　気をつけたい吐き気**

食べすぎなどの原因がはっきりしている場合は、吐いて安静にすれば回復に向かうことが多い。一方、次のような場合には救急車を呼んだほうがよい。
- 頭を強打したあと
- 激しい腹痛をともなう
- めまいやけいれんをともなう

### 2 意識を失ったら救急車を呼ぶ

救急車を呼んだほうがよいような吐き気では、嘔吐後に意識を失うこともある。そのような場合は嘔吐物が気道をふさがないように注意する。

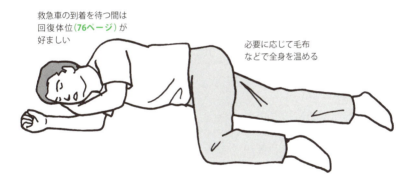

救急車の到着を待つ間は回復体位(76ページ)が好ましい

必要に応じて毛布などで全身を温める

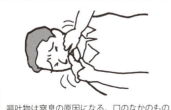

嘔吐物は窒息の原因になる。口のなかのものは拭い取る。

状態はよく観察する。呼吸が止まったら、即座に胸骨圧迫を行う。

# ノドづまり

呼吸困難や吐き気の原因には、食品や異物がノドにつまっていることもあげられる。ノドづまりは、まず咳をすることを考えるとよい。

## 【症状】

喉に異物がつまり、気道閉塞になると数分で危険な状態になる。とくに乳幼児や高齢者には注意が必要で、「皮膚が赤紫色に変色する」、「食事中に突然、苦しがる」といった場合にはノドづまりを疑い、早急な対応が必要になる。

## 【状況を確認する】

### 1 ノドづまりの原因を知る

ノドづまりには気管がつまる場合と、食道がつまる場合がある。気管がつまった場合は3〜6分で命の危険に関わる。

#### 食道がつまった場合

食道は食べ物の通り道。食道に異物がつまると、のどや胸がつまった感じがする。呼吸はできる状態なので、あわてずに病院へ。

#### 気管内に異物が入った場合

気管は肺へとつながる空気の通り道。異物が入ると急に咳込んでから、静かになる。呼吸はできる状態なので、あわてないで病院へ。

#### ノドや気管がつまった場合

一般的にノドと呼ばれるのは、鼻の奥から気管の始まりまでの部位。このノドや気管がふさがれると窒息状態になり、早急な対応が必要になる。

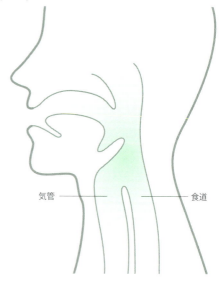

**一口メモ　軽視できないノドづまり**
食べ物でノドをつまらせて命を落とすケースは少なくない。重い症状へとつながりそうであれば、すみやかに救急車を呼ぶ。

# 【応急手当】

## 1 咳をする(させる)

つまったものによるが、とくにそれが小さい場合は咳をするのが、もっとも効果的な対応である。

## 2 背中を叩く

咳で異物が除去できない場合は、傷病者を前かがみにして、背中を叩く。

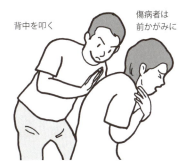

背中を叩く
傷病者は前かがみに

乳幼児は自分のヒザを利用するなどして前かがみにして背中を叩く

## 3 背中から抱えてお腹を圧迫する

傷病者のワキを通すように両腕で抱え、片手の親指付近で腹部(みぞおちの下のあたり)を突き上げるようにして圧迫するという方法もある。

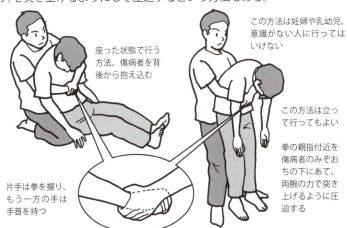

座った状態で行う方法。傷病者を背後から抱え込む

片手は拳を握り、もう一方の手は手首を持つ

この方法は妊婦や乳幼児、意識がない人に行ってはいけない

この方法は立って行ってもよい

拳の親指付近を傷病者のみぞおちの下にあて、両腕の力で突き上げるように圧迫する

# 吐血・喀血

血を吐くのは消化器から出る吐血と、呼吸器から出る喀血がある。どちらも大量に吐いたときはショック症状（108ページ）の可能性があるので注意が必要。

## 【症状】

嘔吐とともに出た場合は、消化器からの出血である吐血を疑う。吐血は黒っぽい血であることが多い（鮮血色のこともある）。呼吸器からの出血である喀血は、激しい咳き込みをともない、鮮血色で泡が混ざることが多い。

## 【状況を確認する】

### 1 吐血の原因を知る

吐血は胃や食道などの消化器からの出血が吐き出されたもので、嘔吐と一緒に出ることが多いため、食べ物の残りが混ざっている。原因は胃潰瘍などのことが多いが、口腔内の出血のこともある。

吐血は次のような疾患の可能性がある。
＜嘔吐後に吐血がある＞
●マロリー・ワイス症候群※
＜突然の吐血＞
●急性胃粘膜病変
＜黒い吐血＞
●胃や十二指腸の潰瘍やガン

吐血は嘔吐をともなうことが多い

### 2 喀血の原因を知る

喀血は肺から出血して咳とともに出てくるもの。鮮やかな赤色で、泡が混ざっていることが多い。肺や気管支の病気である可能性が高い。

喀血は次のような疾患の可能性がある。
●肺ガン
●肺結核
●肺炎
●気管支拡張

咳と同時に出たら喀血の可能性が高い

※食道に裂傷が生じ、出血を起こす症候群

# 【応急手当】

## 1 安静を保つ

運動をしていたらやめる。ラクな姿勢をとり、安静を保つ。吐血（喀血）が続く場合は、うつぶせにするか、顔を横向きにするとよい。

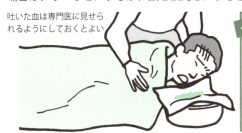

吐いた血は専門医に見せられるようにしておくとよい

**一口メモ　救急車の判断**

吐血（喀血）は専門医に診てもらうのが原則。出血量が多ければ救急車を呼んだほうがよい。救急車の判断に迷うようであれば、救急相談センター「#7119」に電話を。

## 2 ショック症状に注意する

大量に血を吐いた場合は、ショック症状を起こす可能性があるので、状態をよく観察する。ショック症状が疑われる場合は救急車を呼ぶ。

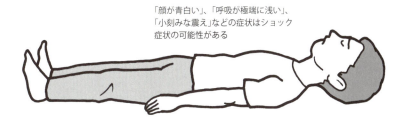

「顔が青白い」、「呼吸が極端に浅い」、「小刻みな震え」などの症状はショック症状の可能性がある

## 3 すみやかに病院へ

安静を保ち、様子を見る。吐血（喀血）がおさまったら、水でうがいをするとよい。状態が落ち着いたら、すみやかに病院へ。

うがいは血液を飲み込まないように注意する　　症状がおさまっても専門医に診てもらう

# 歯痛

歯のトラブルは軽視されがちだが、放置すると進行し、やがては他のことが手につかないほど痛む。できるだけ早く専門医に診てもらうこと。

## 【症状】
しみる、たまに痛むなどの症状は虫歯などの歯自体の問題の可能性が高いが、激しく痛む、出血をともなう場合は、歯の根の部分の問題の可能性がある。応急手当をしたら、早めに歯科医の治療を受けること。

## 【状況を確認する】

### 1 歯や歯ぐきの痛みの原因を知る

歯痛の原因でもっとも多いのは虫歯である。その一方で、歯の問題ではなく、歯ぐきのトラブルもよく見られる。

### 虫歯
虫歯菌によって歯が溶かされて、進行すると歯痛が起こる。奥歯は痛みが大きく頬が膨らむほど腫れ上がることもある。

### 知覚過敏
虫歯の表面が虫歯菌などに溶かされて、刺激が神経にまで到達しやすくなっている状態。

### 歯周病
歯垢などにより口のなかにある菌が増えて、歯茎が影響を受けたもの。歯ぐきの炎症だけにとどまったものを「歯肉炎」といい、骨まで溶けてしまったものを「歯周炎」という。

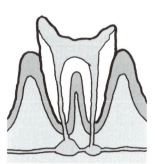

虫歯は歯が溶かされた状態。症状が神経まで進行すると痛みを生じる

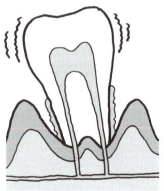

歯周病は初期は歯ぐきが腫れ、やがては歯の周りの骨が溶ける

# 【応急手当】

## 1 冷やす

虫歯などで炎症を起こしている場合は、氷のうを外からあてることで痛みが軽減することがある。

歯の痛みは冷やすと軽減することも

**一口メモ　救急車の判断**

口をゆすいだり、あらためて歯を磨くなどして食べカスを取り除く（口のなかを清潔にする）ことも歯の痛みの軽減が期待できる。

## 2 鎮痛剤を使用する

市販の鎮痛剤（頭痛薬）を使用するという選択肢もある。鎮痛剤は錠剤が主流だが、歯痛止めには塗るタイプもある。

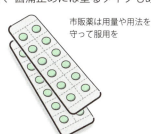

市販薬は用量や用法を守って服用を

痛む虫歯に正露丸をつめるという方法もある。

## 3 歯科医の治療を受ける

上の「冷やす」、「鎮痛剤を使用する」といったものは、その場の痛みを軽減するためのものなので、早めに歯科医の治療を受ける。

**一口メモ　歯が折れたら、折れた部分を持っていく**

歯のトラブルには虫歯や歯周病などの他に、転倒時などに歯が折れてしまうこともある。歯が折れた場合も専門医（歯科医）に診てもらうことになるが、折れた部分は持参したほうがよい。状況によっては接着できることもある。これは虫歯治療後のつめものが取れた場合も同様である。

# 鼻血

「鼻の内側を傷つけた」などの外傷性なら、心配はいらないことが多い。
多くはイスなどに座って鼻をつまむと出血は止まる。

## 【症状】
鼻の内側には細い血管が密集している部位がある。その部位はちょっとした衝撃で傷がつき、出血する。多くの場合、鼻血はこのようにして起こる。血管の損傷具合などによって出血量は異なり、体質による個人差もある。

## 【状況を確認する】

### 1 鼻血の原因を知る

もっとも多い原因は、鼻の内側のキーゼルバッハ部位というところからの出血。また、鼻の奥の部分の粘膜の炎症も出血をまねくことがある。

鼻血の多くは、鼻の穴に近い位置にあるキーゼルバッハ部位というところの損傷によるもの。損傷を引き起こすものとしては、次のようなものが考えられる。また、ときにはなにもしないのに鼻血が出ることもあり、それは血圧の上昇などが原因と考えられる。
- 鼻をぶつける
- 強く鼻をかむ
- 鼻をいじる

鼻血は次のような体質（疾患）に多い傾向がある。
- ダニなどのアレルギー
- 腎臓病、肝臓病、白血病などの血液の疾患
- 高血圧や動脈硬化

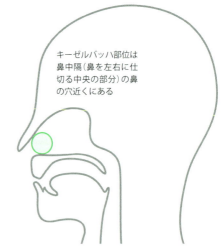

キーゼルバッハ部位は鼻中隔（鼻を左右に仕切る中央の部分）の鼻の穴近くにある

**一口メモ　子どもに鼻血が多いのは……**
子どもはもともと粘膜が弱く、鼻を少しいじっただけで、すぐに鼻血が出てしまう。また、体温調節機能が未熟であり、熱が出たときにも、体が温まって血管が広がり、切れてしまうことがある。

# 【応急手当】

## 1 下を向いて鼻をつまむ

上体は起こすのが基本。下を向いて鼻をつまむ。鼻血の多くは、これだけで止まる。

イスに座ると自然に鼻の位置が心臓より高くなる

イスに座るなどして上体を起こす

人差し指と親指で、鼻のふくらんだやわらかい部分をつまむ。多くは5～15分で出血は止まる。

**一口メモ　上向きは止血につながらない**

顔を上に向けるのは止血の効果は低く、ノドに血液が流れ込んでしまう。ティッシュを鼻につめるのも、圧迫する力が弱いので、止血の効果は低い。

## 2 鼻を冷やす

鼻の奥の部分の炎症が原因となっていることがあり、冷やすことも鼻血に有効と考えられる。

冷えたタオルなどで冷やす

**一口メモ　止まらなければ病院へ**

「鼻をつまむ」などの対応をしても30分以上鼻血が止まらなければ、もっと奥の部分からの出血の可能性がある。その場合は、すみやかに専門医に診てもらうこと。

3章　体調不良　鼻血

# 貧血

貧血の原因はさまざまだが、多くは一時的なもので、安静にして回復するのを待つ。転倒などで頭を強打したあとの貧血は要注意。

## 【症状】
貧血の主な原因は脳の血液(それに含まれる栄養素)の不足。脳の血液が不足すると、クラクラとしためまいや立ちくらみを起こす。そのまま転倒へとつながることがあり、不意な転倒は骨折などをまねくこともある。

## 【状況を確認する】

### 1 貧血の原因を知る

貧血は症状であり、疾患そのものではない。貧血の原因は多く、いろいろな要素が関係している。

#### 食事が関係するもの
血液中の鉄分、葉酸、ビタミン$B_{12}$が不足すると、貧血を起こしやすくなる。バランスのよい食事が、貧血の予防につながる。

ホウレン草やレバーなどの鉄分を豊富に含む食品は貧血予防に役立つとされている

#### 疾患が関係するもの
気管支炎、潰瘍性大腸炎、悪性腫瘍、関節リウマチなどの症状として貧血が起こることがある。

肺炎も症状として貧血が見られる疾患の一つ

#### 体調などが関係するもの
急な成長、月経、妊娠時や授乳中、激しいスポーツ中に起こることも多い。

妊娠中も貧血を起こしやすい

# 【応急手当】

## 1 ゆっくり姿勢を低くする

立ちくらみを感じたら、座るなどゆっくりと姿勢を低くして、安静を保つ。両ヒザを立てて頭を支えるとよい。

両ヒザを立てて、ヒザで頭を支えるとよい

無理に動かない

**一口メモ　毛布で温める**
貧血は寒気をともなうケースがある。安静を保つ際には、毛布や上着などで保温するのも効果が期待される。

## 2 回復しない場合は横になる

しばらく座っても回復しない場合は、横になる。立ち上がるとまた同じ症状を起こすこともあるので、しばらくはそのまま安静を保ち、様子を見る。

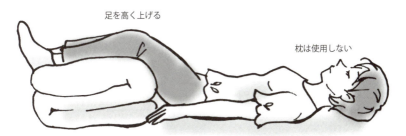

足を高く上げる

枕は使用しない

貧血が頻発するようであれば、内臓の疾患が関係していることも考えられる。専門医に診てもらうのが基本

**一口メモ　転倒に要注意**
貧血で転倒すると、頭を地面に強打することがある。それで意識を失っているようであれば、危険な状態。救急車を呼ぶ。

# 発熱

発熱の原因はさまざま。風邪やインフルエンザの場合は安静を保つと、やがて熱は下がるが、高熱が半日続く場合は、医師の診察を受ける。

## 【症状】
発熱は細菌やウイルスが体内に侵入した場合に、体内の機能が有利に働くために生じるといわれている。一般的には37度からが発熱とされ、38度以上の状態が半日以上続くようなら、専門医を受診したほうがよい。

## 【状況を確認する】

### 1 発熱の原因を知る

発熱の原因は多岐に渡る。風邪やインフルエンザなどの発熱であれば体温を記録して経過を見る。38℃以上の高熱や数日続く発熱は要注意。内臓の疾患が原因ということもある。

#### 細菌やウイルス
特定の細菌やウイルスが体内に入ると風邪やインフルエンザにかかり、熱が出る。

#### 疾患
急性咽頭炎、肺結核、関節リウマチなども熱（微熱）が症状の一つ。

#### アレルギー
アレルギー反応も発熱を引き起こす。花粉症の症状の一つとしても知られている。

花粉症も発熱をまねく

### 2 危険な発熱を知る

いろいろな考え方があるが、一般的には37度以上を発熱といい、37～38度を微熱、38度以上を高熱という。高熱が半日以上続く場合や、微熱が数日続くのであれば専門医の診察を受けたほうがよい。

体温が

**37～38度→微熱**
**38度～→高熱**

※体温にはいろいろな考え方があり、個人差も大きい

> **一口メモ　高熱が続けば病院へ**
>
> 原因が風邪などの場合、自宅で安静を保てば熱は下がるが、次のような場合は専門医に診てもらったほうがよい。
> ●半日以上の高熱
> ●数日続く微熱
> ●嘔吐をともなう発熱

# 【応急手当】

## 1 体温を測る

「体が熱っぽい」と思ったら体温を測る。普段から体温を測り、平熱がどのぐらいか知っておくとよい。

体温は正確に測定したい。ワキの下で測る場合は体温計をワキの下の中央部にあてる

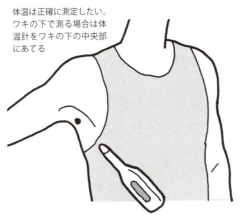

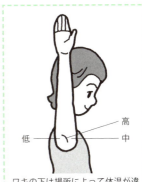

ワキの下は場所によって体温が違う。高いのは中央部で、そこで測るのが基本である。

## 2 安静にし、体を温める

熱が上がっているときは体を温めるようにする。このとき体は細菌やウイルスと戦っているので、基本的に体温を下げようとするのはよくない。

頭は冷やす
体は温める

発熱は汗をかくので、こまめに水分補給をする。

### 一口メモ　解熱剤は高熱のときに使用する

発熱は細菌やウイルスに対する身体の自然な防衛反応。とくに微熱では解熱剤を使用するのは、あまりよくないとされている。高熱の場合は、状況によっては使用したほうがよいこともあり、その判断は専門医に委ねたほうがよい。

# けいれん

けいれんの原因は脳の機能障害。安静を保つと落ち着くことが多いが、全身の激しいけいれんなどは専門医に診てもらう。

## 【症状】

けいれんは、筋肉が発作的に激しく収縮を繰り返すこと。意識をなくしたり、手足を強くつっぱったり、泡をふくこともある。乳幼児は発熱にともなってけいれんを起こすこともあり、これを熱性けいれんという。

## 【応急手当（基本）】

### 1 けいれんの原因を知る

けいれんは脳のなんらかの機能障害によって引き起こされる。疾患（とくにてんかん）や感染症、薬の影響で起こることが多い。

けいれんは脳が関係している

**一口メモ　てんかんとけいれん**

てんかんは大脳が関係する疾患で、発作的なけいれんが慢性的に起きる。基本的には薬物で症状をおさえることができるので、疑いがある場合は早めに受診を。

### 2 危険なけいれんを知る

体の一部のけいれんは安静を保つとやがておさまることが多い。全身の激しいけいれんなどは専門医に診てもらうのが原則。

頻発する場合も要注意

次のようなけいれんはすみやかに専門医に診てもらう。
- 全身がけいれんし、手足をこわばらせる
- 白目をむいている
- 失禁した
- 体の片側だけけいれんしている

# 【応急手当】

## 1 衣服をゆるめてラクな姿勢に

衣服のボタンやベルトをゆるめて、できるだけラクな姿勢をとらせる。

できるだけ
リラックス
させる

> **一口メモ 口にものを入れない**
> 傷病者が舌を噛むことを気にして、口のなかに手を入れようとしないこと。けいれんで舌を噛むことはまれで、逆に窒息したり、指を噛まれたりするなど危険。

## 2 周囲を整理する

発作の間にケガをしないように、ストーブなどの傷病者の周辺のアクシデントへとつながる可能性があるものを遠ざける。

ストーブや刃物はもちろん、倒す可能性があるイスも遠ざけたほうがよい

> **一口メモ 屋外でも安全に配慮**
> 屋外でけいれんを起こした場合は、交通事故の危険のない場所へ移動させるか、周囲に注意をうながす。

## 3 安静を保つ

発作がおさまったらラクな姿勢で安静を保ち、「けいれんを起こしたときにぶつけたところがないか」を確かめる。

ケガを確かめ、必要に応じて応急手当を行う

嘔吐にそなえて、回復体位がよい

# 昏睡（失神）

意識を失った状態を昏睡といい、なかでも一時的なものを失神という。原因は脳の機能障害が原因。すみやかに病院で専門医の診察を受ける。

## 【症状】

昏睡（失神）は意識や反応がない状態をいう。失神は短時間で回復するもののこと。頭を強打した場合に生じることがあり、重篤な疾患の可能性もある。糖尿病や腎臓病に持病がある場合はとくに要注意で、救急車を呼ぶのが原則。

## 【状況を確認する】

### 1 昏睡（失神）の原因を知る

昏睡（失神）の原因には疾患などの体の内側の問題と、頭の強打などの外からの影響によるものなどがある。

#### 疾患が関係するもの

脳や心臓、腎臓など、その障害が昏睡（失神）へとつながる部位は多い。糖尿病なども関係があり、原因を知るには専門医に診てもらう必要がある。

糖尿病ではとくに注意が必要

#### 体の外から影響によるもの

交通事故などで頭を強打したときに昏睡（失神）することは多い。転倒でも気を失うことがある。

交通事故などで頭を強く打つと気を失う

#### その他

炎天下での脱水状態やアルコールの摂りすぎなど、日常生活にも昏睡（失神）の原因となる要素は潜んでいる。また、とくに幼児の昏睡（失神）は専門医でも原因がわからないことも多い。

昏睡（失神）は熱中症の症状の一つでもある

# 【応急手当】

## 1 安全な場所に運び、救急車を呼ぶ

昏睡（失神）の応急手当は、一次救命処置の手順と同じように考える。まずは安全な場所に移動し、救急車を呼ぶ。

まずは安全な場所に移動

すみやかに119番への通報する

## 2 呼吸を確かめる

呼吸を確認する。いつもどおりの呼吸をしていたら、ラクな姿勢をとらせる。呼吸していなければ、胸骨圧迫を行う。

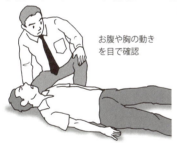

お腹や胸の動きを目で確認

呼吸していなければ胸骨圧迫。

## 3 安静を保つ

状態を観察しながら救急車の到着を待つ。

急に倒れたら、ケガをしていないか確認する

寒気を訴えるようなら毛布などで温める

# ショック症状

ショック症状とは急激な血圧の低下により、体の各部で機能不全を起こすこと。
命の危険に直結するので早急な対応が必要。

## 【症状】

ショック症状は内臓や末端に血液や酸素が行き渡らなくなることで起こる。主な症状には、「目がうつろ」、「呼吸が速い」、「冷や汗が出る」、「ぼんやりとした表情」、「青白い顔」、「唇が紫がかる」、「体が細かく震えている」などがある。

## 【状況を確認する】

### 1 ショック症状の特徴を知る

血圧（血流量）が急に低下すると、脳への血流が少なくなり、眠気や錯乱、昏睡（失神）などをまねく。皮膚が青白く、唇が紫になるのも特徴。ただし、血管が拡張するショックの場合は顔が赤くなることもある。

唇は紫

寒気、震え、冷や汗　　　　呼吸は浅く、不規則

手足は青白く、冷たい　　　意識はある場合とない場合の両方があり、徐々に意識が薄れていくことも

### 2 ショック症状の原因を知る

ショック症状は出血以外にも心臓の障害などによっても引き起こされる。

#### 出血

ケガや疾患で大出血をしたときなど、急激に血流量が低下すると、内臓や体の末端まで十分な血液が届かなくなり、ショック症状を起こす。

#### 心臓の機能障害

心臓になんらかの機能障害が起こると、送り出される血液が減って血圧が急激に低下し、ショック症状につながる。

#### 血管の拡張

アレルギー反応などで、血管が急に拡張し、相対的に血量が低下した場合もショック症状を引き起こすことがある。

# 【応急手当】

## 1 安全な場所に運び、救急車を呼ぶ

ショック症状が見られたら、傷病者を安全な場所に運び、救急車を呼ぶ。

まずは安全な場所に

119番への通報は周りの人に頼んでもよい

## 2 安静を保つ

ショック症状では頭への血流を促すために、少し足を上げるとよいとされている。

クッションなどで足を15〜20cmほど上げる

頭部にケガをしている、足を骨折しているなどの場合は、足を上げない

傷病者の呼吸の様子を観察し、いつもどおりの呼吸でなくなったら胸骨圧迫

着用している衣服はゆるめる。

ショック症状は寒気があるので保温する。

109

# 乳幼児の応急手当

乳幼児によくある症状の応急手当を知っておくと、いざというときにあわてなくすむ。たとえば乳幼児の誤飲は、前かがみの状態にして背中を軽く叩く。

## 【症状】

乳幼児によくあるのはひきつけ（けいれん）と誤飲である。子どもは大人より皮膚が薄く、気道も細いなど、重い症状へとなりやすい。乳幼児は自覚症状を的確に表現できないので、大人がくみ取り、よく観察する必要がある。

## 【対策】

### 1 乳幼児の特徴を知る

乳幼児には発熱や腹痛などがよく見られる。いざというときに的確な対応をするためには、それぞれの特徴を知ることや対策を立てておくことが大切。

#### 発熱

乳幼児は発熱しやすいので、普段から平熱を測っておく。時間帯で平熱にも違いがあるので、起きてすぐ、午前中、午後、夜になってからの4回計測しておくよとよい。

#### やけど

不意なアクシデントでやけどを負うことも少なくない。子どもは体が小さいため、たとえ大人と同じ面積のやけどでも、大きい割合でやけどをしたことになるので注意が必要。

#### 腹痛

乳幼児は症状を上手く表現できないため、なんでも腹痛といってしまう傾向にある。状態をよく確認することが大切。また、次のような症状のときは専門医に診てもらう。
- 顔色が悪く、ぐったりしている
- 泣きやまない
- 歩こうとしない
- タール便
- 嘔吐物が赤茶色

子どもはよく腹痛を生じる

# 【応急手当】

## A 異物の誤飲は背中を叩く

とくに乳児はなんでも口に入れたがる傾向があり、異物の誤飲は多い。異物は吐き出させたほうがよく、背中を軽く叩くのが基本。

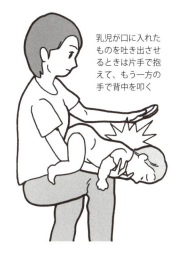

乳児が口に入れたものを吐き出させるときは片手で抱えて、もう一方の手で背中を叩く

幼児の場合は、幼児の体を足で支えるとよい

## B けいれんは衣服をゆるめ、安静を保つ

乳幼児はけいれんを起こすことも多い。あわてないで、乳幼児の安静を保ち、しばらくは様子を観察する。

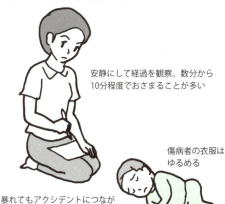

安静にして経過を観察。数分から10分程度でおさまることが多い

傷病者の衣服はゆるめる

暴れてもアクシデントにつながらないように周囲は整理する

> **一口メモ　頻度次第で病院へ**
>
> 乳幼児のけいれんはひきつけともいわれ、大人よりも起こす確率は高い。大事にはいたらないことが多いが、頻度が高ければ、てんかんの可能性もあるので、専門医に診てもらったほうがよい。また、長時間続く場合や意識が回復しないなどの場合は救急車を呼ぶ。

Column

# 子どもの救急相談は「♯8000」

**休日や夜間に小さな子どもが具合を悪くしたら、「小児救急でんわ相談（#8000）」に連絡。医師や看護師が対応してくれる。**

### 子どもの救急で迷ったら#8000

　発熱なけいれん（ひきつけ）など、子どもは成人よりも急に体調を崩すことが多い。それが病院の診療時間外である休日や夜間であれば、とくにあわててしまう。

　救急車を呼ぶべきか、様子を見るのがいいのか……。そのようなときは「小児救急でんわ相談（#8000）」に電話をすると、医師や看護師が適切なアドバイスをしてくれる。「♯8000」は全国共通の短縮番号で、発信した地域に転送されるようになっている。

　小児救急でんわ相談の実施状況は都道府県ごとに異なるが、平日は午後18時～19時から始まり、23時までの対応と、翌朝8時までの対応のどちらかが多い。休日および土曜日は平日と同じ時間帯の対応のところと、昼間も対応しているところがある。自分の住む地域のサービスの状況を普段から調べておくとよい。

### ウェブサイト「子どもの救急」も

　公益財団法人日本小児科学会が解説しているウェブサイト「子どもの救急（http://kodomo-qq.jp/）」も、子どもの「いざ」というときの情報源として活用できる。このサイトの対象年齢は1カ月～6歳。発熱やけいれん、吐き気など、子どもの症状別に簡易診断をして、「急患診療所へ行くかどうか」の判定をしてくれる。診療所に行く際に準備するものや、診療所で医師に伝えるべきことのリストの提示もある。

# 4章

## 部位別・ケガの応急手当

ケガをした部位によって、
対応の仕方は異なる。
とくに頭を強打した場合は
意識がなければ救急車を呼んだほうがよい。

# 頭のケガ

頭部の出血がある場合は洗浄して、直接圧迫法で止血。コブや腫れは冷やして対応。とくに頭を強く打った場合には注意が必要である。

## 【症状】

頭部のケガには切りキズやコブなどの外傷のほかに、強く打ったときに脳が影響を受けていることがある。その場合は意識を失うことがあり、救急車を呼んだほうがよいケースが多い。必要に応じて一次救命処置（50ページ）を行う。

## 【応急手当（重症の可能性が低い場合）】

### 1 頭部を高くして安静に

状況にもよるが、しばらく落ち着いた状況で様子を見たほうがよい。

### 2 患部を清潔な状態にして直接圧迫法で止血

傷から出血していたら、土や泥などの汚れを洗い落とし、直接圧迫法（20ページ）で止血する。

> **一口メモ　しっかりと止血を**
> 頭部は血管が多く、浅いキズでも出血量が多くなる可能性が高い。しっかり止血を。

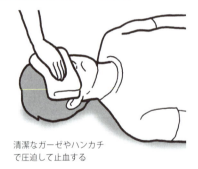

清潔なガーゼやハンカチで圧迫して止血する

### 3 コブや腫れを冷やす

コブや腫れは冷やすことが、症状の進行を防ぐことに役立つ。

安静を保ち、患部を冷やす

> **一口メモ　コブへの対応**
> コブの中身は血液やリンパ液。冷やして血管を収縮させることにより、それ以上、大きくなるのを防ぐことができる。

# 【応急手当（頭を強く打った場合）】

## 1 安全な場所に移動する

頭を強く打つと、脳震盪を起こして意識を失うことがある。次のアクシデントにつながる可能性がある場合は、安静を保ちつつ、安全な場所に移動する

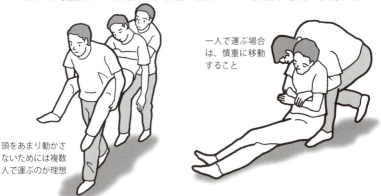

頭をあまり動かさないためには複数人で運ぶのが理想

一人で運ぶ場合は、慎重に移動すること

## 2 安静を保つ

意識を確認して、意識がなければ救急車を呼ぶ。意識がある場合やすぐに意識を回復した場合は、安静にして様子を見る。

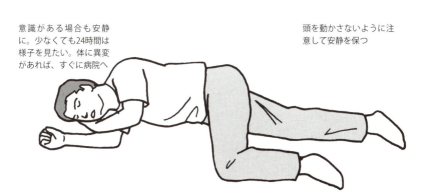

意識がある場合も安静に。少なくても24時間は様子を見たい。体に異変があれば、すぐに病院へ

頭を動かさないように注意して安静を保つ

---

**一口メモ　高齢者はしばらく観察を**

とくに高齢者は転倒時に頭を強く打つことが少なくない。数週間から数カ月後に症状が出る場合もあるので、注意が必要だ。

# 顔の各部のケガ

ここでは目、鼻、口という各パーツごとに、よくあるケガの応急手当を紹介する。とくに目はデリケートなので、慎重な対応が必要である。

## 【症状】

目のケガは、視覚障害や失明の危険性がある。基本は専門医に診てもらうこと。鼻や口は出血をともなう外傷が多い。それに対して耳鳴りなどは脳の疾患が関係している可能性もある。

## 【応急手当（目の異物感）】

### 1 状況を確認する

目に異物感をあっても、目をこすらないこと。まずは落ち着いて状況を確認する。鏡で確認するとよい。

目の異物感の原因には
次のようなものが考えられる
- 目の乾燥
- コンタクトレンズの影響
- ゴミなどの異物の付着

> **一口メモ　目の疾患はすみやかに病院へ**
> 目の異物感には細菌などが原因で起こる細菌性結膜炎、角膜炎、ものもらいなどの疾患の可能性もある。この場合はすみやかに専門医に診てもらうのが原則である。

### 2 異物を除去する

ゴミや小さな虫が入った場合は、市販の涙と似た成分の目薬を使用すると除去できることが多い。

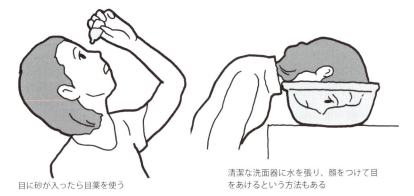

目に砂が入ったら目薬を使う

清潔な洗面器に水を張り、顔をつけて目をあけるという方法もある

# 【応急手当（鼻のケガ）】
## 1 骨折は止血する

鼻血は下を向いて鼻を軽くつまむ(98ページ)。また、鼻の骨の骨折が疑われる場合は、ガーゼなどを入れて止血し、患部を冷やして診察を受ける。

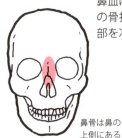

鼻骨は鼻の上側にある

> **一口メモ　鼻は折れることが多い部位**
> 鼻骨は顔の部位のなかでは、もっとも骨折しやすい部位。オートバイ事故やスポーツでの接触などが主な原因としてあげられる。鼻が曲がっていたら、鼻骨が折れていると考えられる。

# 【応急手当（口内のケガ）】
## 1 まずは異物を除去する

ガラスの欠片などで口内を切った場合は、まず欠片を取り除く。その後、口を軽くすすいで、清潔なガーゼをあてて止血し、病院へ。

乳児が割れたガラスの欠片を口に入れて口内をケガすることも多い。

口内の止血は清潔なガーゼをキズ口にあてる

# 【応急手当（耳のケガ）】
## 1 すみやかに受診する

ケガとして多いのは鼓膜が破れること。応急手当としてできることは少なく、すみやかに専門医に診てもらうのが原則。

> **一口メモ　鼓膜が破れた場合の治療**
> 症状の重さにもよるが、鼓膜が破れた場合の専門医の治療では、細菌感染の予防のための抗生物質を処方して経過を見ることも多い。基本的には自然に治癒する。

鼓膜が破れる原因には耳掃除中のアクシデントなどがある

4章　部位別・ケガ　顔の各部のケガ

# 首や背中のケガ

首や背中を痛める原因となるのは、日常での転倒やスポーツでの接触、交通事故など。症状が重い場合は動かさないで、救急車を呼ぶ。

## 【症状】

動いたときに患部に痛みを感じる以外に、めまい、耳鳴り、吐き気などが生じることもある。また、首や背中のケガは長引くことがあるのも特徴で、めまいなどの症状が首や背中のケガが原因であることに気がつかないことも。

## 【応急手当】

### 1 安全な場所に移動する

交通事故などで、そこで応急手当を行うと次のアクシデントが起こる可能性がある場所では安全な場所に移動する。極力、頭や首を動かさないのが原則。

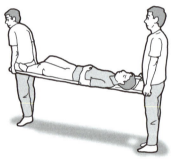

首や背中を痛めている可能性がある場合は、できるだけ動かさない。移動の必要がある場合は、担架を使うなどして、できるだけ安静を保つ

### 2 状況を確認する

呼びかけるなどして意識(反応)を確認する。意識がなければ、救急車を呼ぶ。意識がある場合は、「首に痛みがないか」を確認する。

意識がなければ、救急車を呼ぶ

**一口メモ 首や背中のケガの判断**

傷病者に意識がある場合は、「首が痛くないか」、「呼吸が苦しくないか」、「手足がしびれていないか」を尋ねる。どれか一つでも該当していたら、すみやかに病院へ。

## 3 必要に応じて一次救命処置

意識がない場合は、呼吸を確認する。呼吸していなければ、一次救命処置(50ページ)に移行。胸骨圧迫を行う。

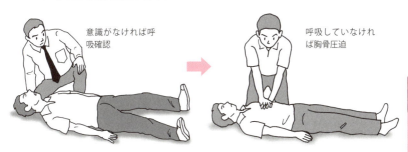

意識がなければ呼吸確認

呼吸していなければ胸骨圧迫

## 4 首を固定する

救急車の到着を待つ間、首が動かないように安静を保つ。意識がある場合は、傷病者に首を動かさないように伝える。

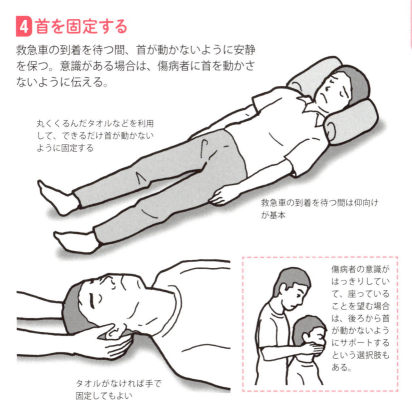

丸くくるんだタオルなどを利用して、できるだけ首が動かないように固定する

救急車の到着を待つ間は仰向けが基本

タオルがなければ手で固定してもよい

傷病者の意識がはっきりしていて、座っていることを望む場合は、後ろから首が動かないようにサポートするという選択肢もある。

# 胸やお腹のケガ

胸やお腹のケガで気をつけたいのは、強く打ったことにより、内臓が損傷しているケース。痛みが激しければ救急車を呼ぶ。

## 【症状】

交通事故などによって胸やお腹を強打した場合。胃や腸などの臓器を損傷している可能性がある。内臓の損傷は、患部を見るだけではわからないことが多いので、注意が必要。症状としては腹痛などがあげられる。

## 【応急手当（胸のケガ）】

### 1 ケガの状態を知る

胸を強打すると肋骨を骨折する（骨にヒビが入る）ことがある。軽度の肋骨の骨折は日常生活を送れるが、体をひねると痛みを生じるなどの症状がある。

肋骨骨折はオートバイの事故やスポーツでの接触が原因のことが多い

**一口メモ　肋骨を骨折すると……**

肋骨を骨折すると次のような症状があらわれる。
- 上半身をひねると胸に痛みを感じる
- ぶつけた部位を押すと痛みを感じる
- くしゃみや、咳をすると胸が痛む

### 2 専門医の診察を受ける

肋骨の骨折が疑われる場合は、すみやかに病院へ。

症状などを伝える

**一口メモ　痛みを軽減する**

胸のケガは専門医に診てもらうことが原則。それまでに一時的に痛みを軽減する方法としては、患部に厚手のタオルなどをあてて、軽く圧迫することなどがある。

# 【応急手当（お腹のケガ）】

## 1 状況を確認する

胸やお腹を強打して、痛みが激しい場合は早急な対応が必要。傷病者を安全な場所に運び、状況を確認する。

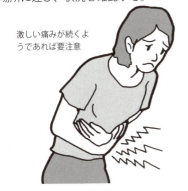

激しい痛みが続くようであれば要注意

- ●痛みが激しい
- ➡救急車を呼ぶ
  （判断に迷うようであれば救急相談センター「#7119」に連絡）
- ●痛みが強い、吐き気をともなう
- ➡すみやかに病院へ
- ●痛みは軽い
- ➡安静にして経過を観察する

## 2 安静を保つ

お腹の痛みが激しく、救急車の到着を待つ間は、できるだけラクな姿勢で安静を保つ。

衣服をゆるめて圧迫を解く

嘔吐にそなえて顔は横向き

基本は傷病者がラクな姿勢。ヒザの下に座布団などを敷き、腹筋をゆるめるとよい

### 一口メモ　お腹の刺し傷

包丁などの鋭利な刃物がお腹に深く刺さると、大量の出血がともない、命の危険に関わる。事件性がある場合でも、まずは119番に連絡。刃物が刺さっている場合は、原則としては抜かないほうがよい。応急手当としては、無理のない範囲で清潔なシートなどによる直接圧迫法の止血に務める。

# 腰・お尻のケガ

腰やお尻は他の部位にくらべてケガをすることは多くない。その一方で交通事故などで骨盤を骨折した場合は命の危険に関わる。

## 【症状】

腰のケガの代表例はいわゆるぎっくり腰(144ページ)。ぎっくり腰は歩行が困難になるほどの激痛が走る。また、交通事故などの大きなアクシデントによって、骨盤が骨折してしまった場合には、迅速な対応が求められる。

## 【応急手当(骨盤骨折)】

### 1 安全な場所に移動し、救急車を呼ぶ

交通事故では骨盤を骨折する可能性もある。その疑いがある場合は、安全な場所に移動し、救急車を呼ぶ。

骨盤はこのイラストのような形をしている

骨盤は全身を支える大切な部位。骨折すると次のような症状があらわれる。
- 自分で動けないほどの激痛
- 痛みのためにお尻をつけて座るのは困難
- 肛門からの大量の出血

### 2 意識(反応)を確認する

声をかけるなどして、意識を確認する。意識がなければ呼吸を確認。呼吸していなければ、胸骨圧迫を行う。

骨盤を強打した場合も一次救命処置(50ページ)の流れは同じ

呼吸がなければ胸骨圧迫

### 3 安静な姿勢を保つ

骨盤を骨折している場合は座ると激痛が走る。できるだけラクな姿勢で救急車の到着を待つ。また出血が多いのでショック症状(108ページ)への対応を強く意識する。

# 【応急手当（坐骨神経痛）】

## 1 ケガの状態を知る

普段の生活のなかで、お尻や太ももなどに痛みやシビレが生じる症状を総じて坐骨神経痛という。坐骨神経痛の原因はさまざまで、その一つには交通事故がある。

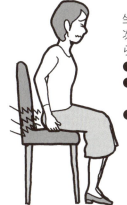

坐骨神経痛は座っていてもお尻などに痛みを生じる

坐骨神経痛を引き起こす要因には次のようにさまざまなものが考えられている。
- 加齢による骨の変形
- 交通事故などの外からの力による骨の変形
- 精神的なストレス

## 2 ラクな姿勢をとる

特別な理由がなく、腰やお尻、太ももなどに痛みやシビレを生じたら、まずはラクな姿勢（痛みの少ない姿勢）をとる。

横になり、背中を丸めると痛みが少ないケースが多い

多くは安静にしていると症状が軽減する

## 3 専門医を受診する

痛みやシビレが軽減したら、すみやかに病院へ。そのままにしておくと、再発することになる。

# 腕・手のケガ

手はケガをすることが多く、その内容はさまざま。アクシデント後に腕が動かなくなったら、肩の脱臼の可能性がある。

## 【症状】

指先の切りキズ、腕のすりキズなどの外傷、手首のネンザ、肩の脱臼……。腕や手のケガは、原因によってさまざまなものがあり、その頻度も高い。そのままにしておくと症状が重くなることもあり、日常生活にも支障をきたすことに。

## 【応急手当】

### 1 切りキズ、すりキズは清潔にして止血

切りキズやすりキズはまず患部を水道水などで洗い流し、出血していたら直接圧迫法で止血する。

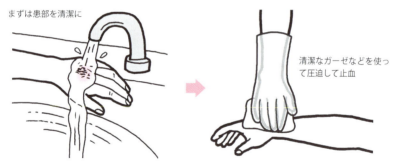

まずは患部を清潔に

清潔なガーゼなどを使って圧迫して止血

### 2 ネンザは安静→冷却→圧迫→挙上

手首のネンザや骨折の応急手当の基本は「安静→冷却→圧迫→挙上」という流れ。他の部位にも共通している。

ケガをしたら運動をやめて安静に。次に氷のうなどで患部を冷やし、血流を妨げない程度に清潔なガーゼなどで圧迫。そして、できるだけ患部を心臓よりも高い位置に上げておく

# 【応急手当（肩の脱臼）】

## 1 ケガの状態を知る

スポーツなどで肩に外から引っ張る力などが加わると、肩が脱臼することがある。脱臼とは、骨と骨の関節面がズレてしまった状態である。

肩の脱臼は瞬間的に強い痛みが走る

脱臼は他の人に腕を強く引っ張られた場合をはじめ、肩を地面に強く打ちつけたり、ボールを投げた際に生じることが多い。主な症状は次の通り。

- 引っ張られるなどのアクシデントの直後に強い痛みが走る
- 腕を動かすことができない

## 2 腕を固定して病院へ

応急手当としては、ネンザなどと同様に無理のない範囲で「安静→冷却→圧迫→挙上」という流れがよい。腕を固定したら、すみやかに病院へ。

三角巾を使って腕を肩から吊るすとよい
（46ページ）

### 一口メモ 肩をはめようとしない

「関節がはずれたのであれば、はめればよい」と一般市民が元の状態にしようとするのは厳禁。一口に脱臼といっても状態はさまざまで、骨折をともなうことも少なくない。無理に力を加えることは症状が重くなることにつながる。

4章 部位別・ケガ 腕・手のケガ

# 足のケガ

足のケガはスポーツを行っている際に生じることが多い。足に違和感があったら、それ以上の運動はやめ、患部を固定するなどの応急手当を。

## 【症状】

手と同様に足もケガが多い部位であり、とくに足首周辺のネンザや骨折は頻度が高い。また、スポーツをしている際の太ももの肉離れなどもよく見られる。ネンザや肉離れは安静を保ち、専門医に診てもらうのが基本。

## 【応急手当】

### 1 切りキズ、すりキズは清潔にして止血

切りキズやすりキズはまず患部を水道水などで洗い流し、出血していたら直接圧迫法で止血する。

まずは患部を清潔に

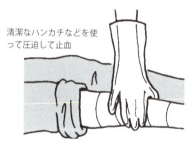
清潔なハンカチなどを使って圧迫して止血

### 2 ネンザは安静→冷却→圧迫→挙上

足首のネンザや骨折の応急手当の基本も、手などと同様に「安静→冷却→圧迫→挙上」という流れ。包帯などで固定し、すみやかに病院へ。

足首を固定して病院へ（挙上という意味では、専門医による治療までは横になり、足を少し高く上げるとよい）

**一口メモ**

**ネンザはストレッチで予防**

足首のネンザはスポーツのときに生じることが多い。予防するには、まず運動前にしっかりとストレッチをすること。また、あらかじめテーピングなどでサポートするのも有効と考えられている。自分に合ったシューズを選ぶことも重要だ。

## 【応急手当（肉離れ）】
### 1 安静にして患部を冷やす

肉離れはよく見られる足のケガの一つ。応急手当としては、安静にしてサポーターなどで患部を固定し、冷やすとよい。基本的には専門医に診てもらうこと。

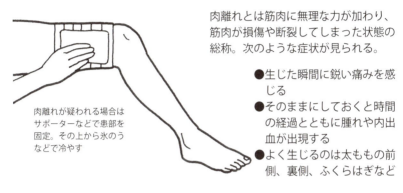

肉離れが疑われる場合はサポーターなどで患部を固定。その上から氷のうなどで冷やす

肉離れとは筋肉に無理な力が加わり、筋肉が損傷や断裂してしまった状態の総称。次のような症状が見られる。

- 生じた瞬間に鋭い痛みを感じる
- そのままにしておくと時間の経過とともに腫れや内出血が出現する
- よく生じるのは太ももの前側、裏側、ふくらはぎなど

## 【応急手当（アキレス腱断裂）】
### 1 つま先を伸ばして固定する

アキレス腱を断裂した場合は、必ず専門医に診てもらう。応急手当としては副木（添え木）などを使い、足を固定する。

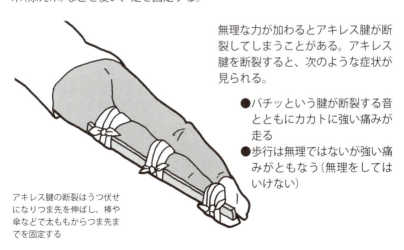

アキレス腱の断裂はうつ伏せになりつま先を伸ばし、棒や傘などで太ももからつま先までを固定する

無理な力が加わるとアキレス腱が断裂してしまうことがある。アキレス腱を断裂すると、次のような症状が見られる。

- バチッという腱が断裂する音とともにカカトに強い痛みが走る
- 歩行は無理ではないが強い痛みがともなう（無理をしてはいけない）

Column

# 救急安心カードをつくろう

**救急安心カードとは自分の健康状態を記したカードのこと。このカードがあれば、「いざ」というときに周りがスムーズに対応できる。**

### 持病があるなら持ち歩こう

　持病や常用している薬がある場合、「いざ」というときに「普段の健康状態がわかる」のとそうではないのとでは、医療機関の対応が異なることもある。自分の健康状態を記載したカードを持っていれば、出先で自分の意識がなくなっても、救命者がそのカードによって倒れた理由の判断も早くでき、医療機関に搬送された際もより迅速に対応してもらえる可能性が高くなる。

### 救急安心カードをつくる

　救急安心カードは、いくつかの自治体のウェブサイトでひな形(テンプレート)を配布している。もちろん自作もOKで、主な内容としては、氏名、生年月日、住所、電話番号（緊急連絡先）、かかりつけの医師（連絡先も）、既往症または持病、飲んでいる薬などを記載しておく。そして、自宅用としてはA4サイズと少し大きめにつくり、ハートマークのシールなどを貼った透明な筒型の容器に入れて冷蔵庫にいれておく（この方法を推奨している自治体も多い）。普段持ち歩くのはカードサイズで、パスケースや財布などのできるだけ目立つところに入れておくとよい。

　なお、とくに迅速な対応が要求される糖尿病の場合、日本糖尿病協会から緑色の「糖尿病IDカード（緊急連絡用カード）」が発行されている。倒れていたり、事故を起こした人が糖尿病IDカードを持っていた場合は、その人に合った対応をしたい。

# 5章

## 日常生活の
## アクシデントの応急手当

転倒や熱中症、食中毒……
普段の生活のアクシデントは
予防を心がけることが大切。
問題が生じたときには、その原因を考えることも重要。
熱中症であれば「涼しいところに移動する」など
まずはその要因を取り除く。

# 乳幼児の転落事故

乳幼児がベッドなどの高いところから転落したら、まずは意識を確認し、意識がなければ救急車を呼ぶ。落ち着いて対応することが大切。

## 【症状】

乳幼児がベッドなどの少し高いところから落ちたときの症状は、落下したときの衝撃の度合い、体勢などによってさまざま。頭を強く打った場合には、「呼びかけてもボーっとしている」、「何度も嘔吐する」などの症状がある。

## 【応急手当】

### 1 意識(反応)を確認する

「名前を呼んで反応を見る」などして、意識を確認する。意識がなければ、すぐに救急車を呼ぶ。救急車が来るまでは状況に応じて止血などを行う。

意識があっても、次のようなケースは救急車を呼ぶ。
●ボンヤリしている
●何度も吐く
●けいれん
●耳や鼻からの出血

まずは意識を確認。意識がなくても、体を揺すぶってはいけない

### 2 外傷を確認する

ここからは意識がある場合の応急手当。出血やすりキズがないかを確認する。出血していたら止血する(意識がない場合でも出血していたら止血する)。

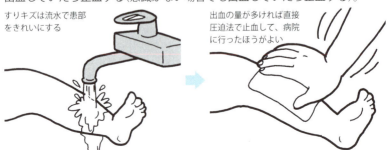

すりキズは流水で患部をきれいにする

出血の量が多ければ直接圧迫法で止血して、病院に行ったほうがよい

## 3 骨折や脱臼を確認する

触れるとひどく泣く場合は骨折、腕をダランとしている場合は脱臼の疑いがある。患部を動かさないようにして、至急、病院へ。

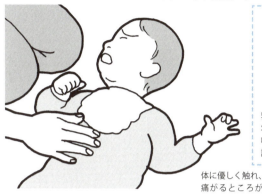

体に優しく触れ、痛がるところがないかを確認

乳幼児は嘔吐も重要なサイン。状況を確認しているときにも、嘔吐するようであれば専門医に診てもらう。

## 4 コブや腫れを確認する

体のどこかにコブや腫れがないかを確認する。ある場合は、患部を冷やすなどの対応を。

頭にコブがあるときは、抱っこをしながら冷却シートなどで冷やすとよい

**一口メモ　経過観察でOKなこと**

アクシデントのあともそれまでと変わらなければ自宅での経過観察で問題がないことが多い。とくに次のような場合はその傾向が強い。
- 大きな出血がない
- どこに触れても痛がる素振りがない
- 食欲がある

## 5 数日は様子を見る

アクシデント直後は症状が見られなくても、数日後に嘔吐を繰り返すようになることもある。アクシデントから1週間ほどはとくに注意深く接し、いつもと違うところがあったら、すみやかに病院へ。

# 高齢者の転倒

高齢化にともない、高齢者の転倒が増えている。まずは予防が大切で、転倒してしまったら骨折に要注意。寝たきりへとつながることもある。

## 【症状】

高齢者はちょっとした段差で転倒することがある。転倒した場合の症状は、そのときの体勢などによって症状が異なる。骨が弱くなっているので、骨折することも少なくない。頭を強く打つと、意識を失うこともある。

## 【応急手当】

### 1 安全な場所に移動する

屋外で交通量の多い場所の場合など、そこにとどまると危険がある場合は、落ち着いて安全な場所に移動する。

自宅など安全な場所の場合は無理に動かさない

二人で運ぶ場合は一人がワキの下を支え、もう一人がヒザを持つ

### 2 意識(反応)を確認する

大きな声で呼びかけるなどして、意識を確認する。意識がなければ、救急車を呼ぶ。救急車が来るまでは状況に応じて応急手当を行う。

意識がなければ救急車を呼び、安静な姿勢で救急車の到着を待つ

意識の確認では体を揺さぶらない

## 3 外傷を確認する

出血やすりキズがないかを確認する。出血していたら止血する(意識がない場合でも出血していたら止血する)。

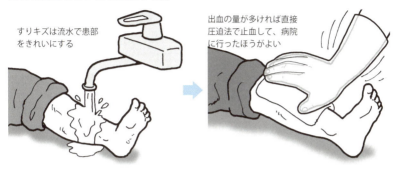

すりキズは流水で患部をきれいにする

出血の量が多ければ直接圧迫法で止血して、病院に行ったほうがよい

## 4 ネンザや骨折を確認する

骨折すると患部が痛みとともに患部が腫れる。できるだけ動かないように患部を固定して病院へ。

傷病者が動けない場合は意識があっても救急車を呼ぶ

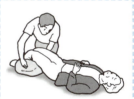

骨折しやすいのは、肩、手首、背骨、股関節周辺など。股関節の骨折などで痛みが強く、動けない場合はラクな姿勢(痛みの少ない姿勢)で安静を保ち、救急車を呼ぶ。

---

**一口メモ　高齢者の転倒は予防が大切**

高齢者は筋力が弱まり、足をあまり上げて歩かなくなる。また、体のバランスを崩したときに姿勢を立て直しにくくもなる。そのため、ちょっとしたものが転倒のきっかけとなる。応急手当を知るとともに、できるだけリスクを減らすことが重要である。たとえば、「部屋のなかは整理整頓を心がけて、つまづくようなものは床に置かない(コンビニのビニール袋で滑って転倒することがある)」、「スリッパは避けて、ゴム底の室内履きを利用する」などが、転倒予防に役立つこととしてあげられる。

# 熱中症（症状と予防）

熱中症は高温な環境に一定時間とどまっていたときなどに起こる体の障害の総称。温暖化が進み、しっかりとした対策や手当の必要性が増している。

## 【症状】

熱中症のおもな症状は、「意識がもうろうとする」、「高熱が出る」、「けいれんを起こす」など。原因や症状に応じて、細かくは「熱失神」、「熱疲労」、「熱けいれん」、「熱射病」などにわけられる。

### ＜熱失神＞→【応急手当①（136ページ）】

身体の熱を発散しようとして皮膚表面の血流量が増え、脳への血流が減少。めまいなどの症状があらわれる。

### ＜熱疲労＞→【応急手当①（136ページ）】

たくさんの汗をかいたときに水や塩分の補給が不足していると、血液中の水分が減り、汗をかいて、軽い意識障害が起こる。体温は高くなるが、基本的には40度以下。高温多湿下での運動や作業、炎天下の車内に残された子どもなどに生じやすい。

### ＜熱けいれん＞→【応急手当①（136ページ）】

高温下の運動や作業で筋肉に大きな負担がかかった場合に引き起こされる、痛みをともなう筋肉のけいれん。汗をかき、体温はやや高くなるが、意識は正常のまま。

### ＜熱射病＞→【応急手当②（137ページ）】

原因は上の「熱疲労」と同じで、めまい、疲労感、吐き気や嘔吐などの症状があらわれる。体温が40度以上になり、肌が乾燥することが多い（その一方で汗をかくこともある）。重度になると、突然のけいれんや昏睡状態に陥ることもある。

熱中症は体温の調整機能が破綻し、体内の水分バランスが崩れることで生じる

### 一口メモ 日射病とは

以前はよく「日射病」という言葉を耳にした。日射病とは「強い直射日光に長時間あたることで発生する病気」のこと。言葉のとおり、直射日光が原因であり、最近はより広い原因を含めた総称である熱中症と表現されることのほうが多い。

# 【予防】

熱中症の予防で大切なのは、まず無理をしないこと。盛夏の炎天下での作業は、避けられるものであれば避けたほうがよい。帽子や通気性のよいシャツなど、出かける前に用意しておきたいものもあり、その準備をしておくことも大切だ。

## 心構え

炎天下での運動や作業は無理をしないで、こまめな休憩をとる。とくに疲れているときには要注意。また、高齢者や乳幼児は、体温の調節機能がうまく働かないこともあり、室内でも高温に注意すること。温度は28度以下、湿度は50〜60％を目安にするとよい。

## 水分補給

水分はこまめに補給するように。1回の水分補給の目安は小さなコップ1杯程度。また、冷たい水を飲みたくなりがちだが、体への吸収が早い5℃〜15℃（常温に近い温度）を補給するのがよいとされている。

駐車中の自動車内の温度はかなりの高温になる。乳幼児は車内に決して残さないこと

「一度に大量に」は熱中症予防に適さない飲み方

## 日よけ

日傘や帽子などで頭部付近に直射日光があたるのを防ぐ。帽子は通気性がよく、つばの大きいものが適している。できれば、首筋までも影になるようなものが好ましい。

## 衣服

素材は汗の吸水性が高く、速乾性のあるものがよい。色は熱などを反射しやすい白や淡い色のものが好ましく、通気をよくするためにゆったりとしたものを選びたい。とくに首まわりの通気は意識する。

つばの大きな「麦わら帽子」は熱中症予防に役立つアイテム

首まわりのボタンをはずすとよい

# 屋外の熱中症

熱中症の応急手当は症状によって異なる。意識がないような重い症状は、風通しのよいところに運んでから救急車を呼ぶ。

## 【症状】

屋外の熱中症の症状としては、重いものではけいれんを起こしたり、昏睡状態に陥ることもある。軽いめまい程度であれば、涼しいところに移動するなど自分で対応することができる。早めの対応を心がけたい。

## 【応急手当（めまい程度の症状が軽い場合）】

### 1 涼しく、風通しのよいところへ移動

めまいなどの症状があったら、自分で動けるうちに早めに対応する。涼しい屋内を利用できるなら屋内へ。利用できる屋内がないなら日陰へ。

### 2 体を冷やす

風を送るなどして、全身を冷やす。室内なら扇風機やエアコンなどを利用するとよい。

濡らしたタオルで冷やすという方法もある

体温が高い場合は急に体温が下がらないように要注意。冷水につけてはいけない。

### 3 水を飲む

小さなコップくらいの量の水を飲む。しばらく涼しい場所で安静を保ち、めまい等の症状が残る場合は病院へ。

水を飲んで、体調がよくなるまで安静を保つ

冷水を一気に飲み干すのはNG。

# 【応急手当（熱射病などで倒れた場合）】

## 1 涼しく、風通しのよいところへ移動

屋外の作業中、運動中に熱射病（134ページ）などで倒れたときの応急手当は、まず傷病者を涼しい場所に運ぶ。

できるだけ体を揺らさないように気をつけて運ぶ

できれば周りの人に協力してもらう

## 2 救急車を呼ぶ

意識を失うほどの熱中症は命の危険に関ることもある。すみやかに救急車を呼んだほうがよい。

落ち着いて状況などを伝える

意識が回復した場合、救急車を呼ぶ必要性は低くなるが、その後に容態が悪くなる可能性もあるので専門医に診てもらったほうがよい。

## 3 体を冷やす

風を送るなどして、全身を冷やす。救急車が来るまで傷病者をよく観察する。呼吸していなければ胸骨圧迫など、状況に応じて対応する。

首すじやワキの下、太ももの付け根などを冷やすのも有効

**一口メモ　冷やしすぎない**

軽度の場合も含め、熱中症はあまりに急に体温を下げないように気をつける。たとえばシャワーの場合、低い温度の水は効果があるとされているが、冷水では急激に体温を下げることになり、反対に症状を悪化させる可能性もある。

# 屋内の熱中症

屋内でも熱中症になることはある。とくに就寝時には要注意。応急手当は日中に共通していて、症状によっては救急車を呼ぶ。

## 【症状】

熱中症というと「盛夏の日中に屋外で……」というイメージが強いかもしれないが、最近は屋内、とくに就寝中になることも多い。日中の影響が就寝時に出ることもあり、その場合は頭痛などの症状があらわれる。

## 【応急手当】

### 1 室温と湿度を調整する

頭痛や体が火照って寝つけない場合は、まずはエアコンを利用するなどして、室温と湿度を調整する。

室温は25～28度、湿度は50～60％が目安

**一口メモ　家族が気がついたら**
寝つく前や体調の異変で目が覚めればよいが、そうでないと翌朝などに対応することになる。家族は気がついたら、すぐに対応を。救急車を呼んだほうがよいケースが多い。

### 2 体を冷やす

寝衣をゆるめるなどして体を冷やして、体温を下げる。冷却シートを首すじなどにあてるのも効果がある。

寝衣がきつければゆるめる

首すじやワキの下、太ももの付け根などを冷やすのも効果的

### 3 水分を補給する

小さなコップくらいの量の水を飲む。症状が改善しない場合は、救急病院などで専門医に診てもらう。

## 一口メモ 吸水性・通気性の高い寝衣を選び、就寝前には水を飲む

就寝時の熱中症は症状に気がつきにくいということもあり、「なってしまってからでは対応が難しい」という面がある。とくに体温の調整能力が低い、高齢者や乳幼児は注意が必要である。

### 吸水性・通気性の高い寝衣
寝衣（寝巻）は吸水性・通気性の高いものを選ぶ。できれば替えも用意しておくとよい。

### 就寝前の水分補給
寝る前にコップ1杯程度の水を飲み、水分補給をする。ノドが渇いて目が覚めたら、面倒がらずに、こまめに水分補給をする。

### 適切な室温設定
就寝時の理想的な環境は、日中と同様に温度は25〜28度以下、湿度は50〜60％が目安。

### 冷却グッズの活用
頭寒足熱が熱中症には効果的。市販のネッククーラーや冷却剤も予防に役立つ。

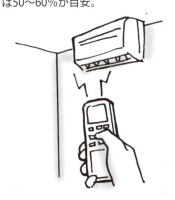
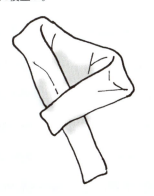

# ボールが顔にあたった

ボールが顔にあたった場合の応急手当は、意識の有無によって異なる。意識がなければ、すみやかに救急車を呼ぶ。

## 【症状】

ボールが顔にあたった場合、とくに注意が必要なのが、脳への影響と目の損傷である。意識がなかったり、ボンヤリとしている場合は脳への影響が心配されるので、すみやかに救急車を呼ぶ。

## 【応急手当（脳への影響が疑われる場合）】

### 1 状況を確認する

サッカーボールやバスケットボールなどの大きなボールが顔（頭）に直撃すると、倒れることがある。その場合は、すみやかに意識（反応）や呼吸を確認する。

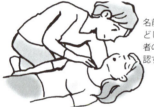

名前を呼ぶなどして、傷病者の意識を確認する

**一口メモ　ボンヤリも要注意**
意識を確認する際には、決して強く体を揺さぶらないこと。また、意識があっても、頭痛や嘔吐、けいれんなどの症状が強い場合は、救急車を呼んだほうがよい。

### 2 意識がなければ救急車を呼ぶ

頭を強く打って意識がない場合などは、できるだけ早い治療が必要。救急車を呼ぶ。

### 3 一次救命処置を行う

「意識がない」、「呼吸していない」という場合は傷病者をできるだけ動かさないように注意しながら、一次救急処置を行う。ケガをしていたら必要に応じて、止血などの応急手当を行う。

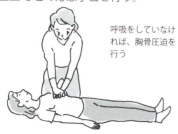

呼吸をしていなければ、胸骨圧迫を行う

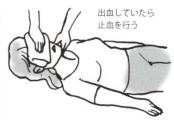

出血していたら止血を行う

# 【応急手当（目のケガ）】

## 1 状況を確認する

野球のボールやソフトボールなどの小さなボールが目に直撃すると、失明の危険性もある。すみやかな対応が必要で、まずは、目が開けられるかを確認する。ゆっくりとでも開けられない場合は、すみやかに病院へ。

## 2 見え方を確認する

目を開けられたら、ボールがあたった目の見え方を確認する。

ボールがあたった目の見え方を確認する

**一口メモ　違和感があれば病院へ**

次のような見え方をしたら、下の③へと進み病院へ。そうでなければ安静にして様子を見る。
・物がぼやけて見える
・視野が狭くなった
・虫のようなものがちらつく

## 3 目の周りを清潔な状態にする

目の周りを水道水で洗うなどして清潔な状態にする。

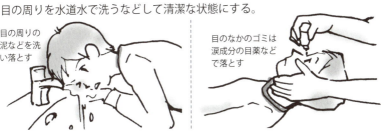

目の周りの泥などを洗い落とす

目のなかのゴミは涙成分の目薬などで落とす

## 4 目を保護して病院へ

ボールがあたった目を清潔なガーゼなどで保護して、すみやかに病院へ。

網膜はく離などの可能性もあるので、目のトラブルは専門医に診てもらったほうがよい

診察の際には、次のことを伝えるとよい
・目にあたったものの種類と状況
・現在の目の見え方の状況
・頭痛や吐き気などの目以外の症状の有無

# ボールが体にあたった

お腹にボールがあたった場合は大事にいたることは多くない。その一方で、心臓付近にあたった場合は「心臓震盪(しんとう)」に注意が必要となる。

## 【症状】

とくに注意が必要なのが心臓付近にボールがあたった場合。心臓に衝撃が加わることで、「意識を失う」、「心臓停止」などの危険な症状を引き起こす。これを「心臓震盪」といい、それほど強くない衝撃が原因となることもある。

## 【応急手当】

### 1 状況を確認する

ボールが体にあたると、倒れこむことがある。まずは意識(反応)の有無を確認する。意識がある場合は、ラクな姿勢で安静を保つ。

名前を呼ぶなどして、傷病者の意識を確認する

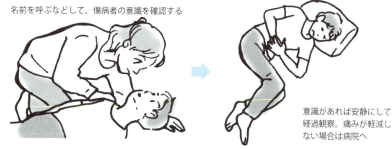

意識があれば安静にして経過観察。痛みが軽減しない場合は病院へ

### 2 意識がなければ救急車を呼ぶ

意識がない場合は、心臓震盪の可能性がある。できるだけ早い治療が必要なので救急車を呼ぶ。

落ち着いて状況などを伝える

**一口メモ　心臓震盪とは**

心臓震盪はまだ骨が柔らかい、小・中学生によく見られる。過程は「ボールの衝突時に骨がへこむ→そのへこみの衝撃と心臓の収縮が一致する→心室細動という危険な症状が引き起こされる→心臓停止につながる」という具合だ。1990年代後半から認識されはじめ、国内でも被害報告がある。

## 3 意識や呼吸を確認する

意識や呼吸を確認し、それらがしっかりしている場合は傷病者をできるだけ動かさないように注意しながら、一次救急処置を行う。ケガをしていたら必要に応じて、止血などの処置を行う。

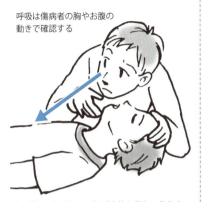

呼吸は傷病者の胸やお腹の動きで確認する

呼吸がしっかりしていれば安静を保ち、救急車の到着を待つ

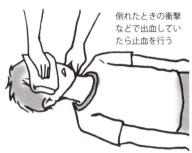

倒れたときの衝撃などで出血していたら止血を行う

止血をするときに無理に体を動かさないように注意する

## 4 AEDを使用する

呼吸していなければ、すみやかにAEDを使用する。

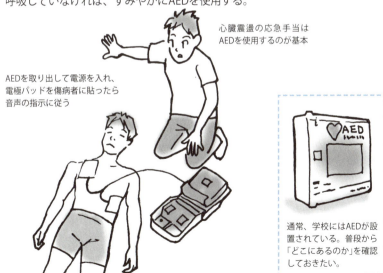

心臓震盪の応急手当はAEDを使用するのが基本

AEDを取り出して電源を入れ、電極パッドを傷病者に貼ったら音声の指示に従う

通常、学校にはAEDが設置されている。普段から「どこにあるのか」を確認しておきたい。

# ぎっくり腰

ぎっくり腰は痛みの少ない姿勢をとり、安静を保つのが応急手当の基本。
痛みは強いだろうが、あわてずに落ち着いた行動を心がけよう。

## 【症状】

ぎっくり腰は「急性腰痛」とも呼ばれ、重たい荷物を持ち上げようとしたときなどに腰に激痛が走り、動けなくなる。原因は解明されていなくて、筋肉疲労や骨格の歪みがぎっくり腰を引き起こす可能性があるとされている。

## 【応急手当】

### 1 安全な場所に移動する

交通量が多い場所など、とどまると別のアクシデントを引き起こす可能性があるところでなったら、安全な場所に移る。

落ち着いて移動する

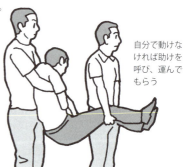

自分で動けなければ助けを呼び、運んでもらう

### 2 痛みの少ない姿勢をとる

できるだけ痛みの少ない姿勢をとり、安静を保つ。

痛みの少ない姿勢で安静を保つ

**一口メモ 落ち着いたら連絡を**

仕事中、外出先でぎっくり腰になったら、容態が落ち着いた頃を見計らって職場へ連絡を入れることを忘れないように。また、一人暮らしの自宅でぎっくり腰になった場合、動くと痛むこともあるので、家族や友人に助けを求めるとよい。

## 3 患部を冷やす(温める)

患部を冷やすか、温めるかは専門医によっても判断が異なる。基本的には患部が熱を持っているなら冷やし、熱を持っていないなら温めるとよい。

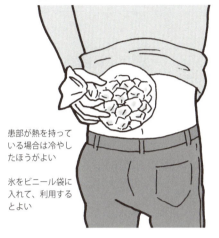

患部が熱を持っている場合は冷やしたほうがよい

氷をビニール袋に入れて、利用するとよい

温め方には下着の上から携帯カイロを貼るなどの方法がある

患部に熱がなければ、温めたほうが早く改善するといわれている

## 4 痛みが長引くようなら病院へ

通常、痛みは徐々に軽くなる(痛みが完全になくなるまで数日〜1週間ほどかかる)。痛みが長引くようであれば病院へ。

診てもらう際には、次のことを伝えるとよい
・現在の腰の状況
・ぎっくり腰になったときの状況
・血尿などの腰の痛み以外の症状の有無

とくにぎっくり腰が初めての場合は、症状が落ち着いたら念のために受診するとよい

**一口メモ 受診の判断**

まず救急車については、命の危険に関わることが少ないこともあり、呼ぶ必要性は低い。受診については、痛みが軽くならなかったり、「下半身のシビレ」、「嘔吐」、「血尿」などのほかの症状があれば、専門医に診てもらったほうがよい。

# 突き指

突き指は日常的なケガの一つ。軽視しがちだが、治療をおろそかにすると長引くこともある。応急手当はできるだけ早くしたほうがよい。

## 【症状】

突き指は指に外からの力が加わったことによって起こる、痛みなどをともなうケガの総称である。ケガをしたときの状況や対象の部位によって症状は異なるが、多くの場合は痛みとともに炎症を起こす。

## 【応急手当】

### 1 安静にする

突き指をしたら、そのまま運動などを続けず、すぐに応急手当に移る。さらに刺激が加わると症状が悪化することがある。

突き指の症状の多くは痛みと腫れ

患部をむやみに触らない

**一口メモ 予防が大切**

突き指はバレーボールやバスケットボールなどボールを手で扱うスポーツを行っているときになることが多い。予防が大切で、テーピングやサポーターで補強すると、突き指になる可能性を低くすることができる。

### 2 患部を冷やす

小型の氷のうを利用するなどして、患部を10〜15分ほど冷やす。

アイシングは小さな氷のうを利用するとよい。なければビニール袋に氷を入れてもよい

氷がなければ流水で患部を冷やす

## 3 患部を固定する

突き指は靭帯を損傷していることが多い。患部を固定して動かさないようにすることで、その修復を早くすることができる。

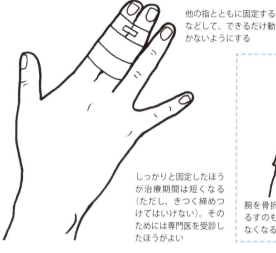

他の指とともに固定するなどして、できるだけ動かないようにする

しっかりと固定したほうが治療期間は短くなる（ただし、きつく締めつけてはいけない）。そのためには専門医を受診したほうがよい

腕を骨折したときのように腕を吊るすのも一つの選択肢。指を使わなくなるので治療に役立つ。

## 4 患部を心臓よりも高い位置に保つ

炎症の応急手当の基本の一つは、患部を心臓より高い位置に保つこと。生活に支障をきたさない範囲でよいので、指の位置を意識するとよい。

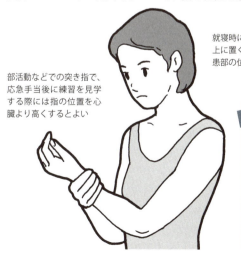

就寝時にも手を体の上に置くなどして、患部の位置を高くする

部活動などでの突き指で、応急手当後に練習を見学する際には指の位置を心臓より高くするとよい

### 一口メモ 受診の判断

突き指の状態がひどい場合には、指の変形などの後遺症をまねくことがある。とくに「指が明らかに変形している」、「動かすと激痛が走る」、「患部の関節を自分で動かせない」という場合は受診したほうがよい。

# 過呼吸

呼吸が乱れ、通常では考えられないほどに息苦しくなるのが過呼吸である。
多くは時間の経過とともに症状が軽くなるので、落ち着いた対応を。

## 【症状】

過呼吸（過換気症候群）は、呼吸が乱れて苦しくなる症状の総称。息苦しさにともなう動悸や頻脈に加えて、めまいや手足のシビレ、失神などを引き起こすこともある。心的ストレスや激しい運動が原因になると考えられている。

## 【応急手当】

### 1 安全な場所に移動する

交通量が多い場所など、別のアクシデントを引き起こす可能性があるところに留まるのは危険。息苦しさを感じたら、安全な場所に移る。

いつもとは違う息苦しさを感じたら安全な場所に移動する

**一口メモ　必要以上な心配は不要**

ときに重篤な状態へとつながることもあるが、過呼吸は基本的には命の危険はない。痛みや苦しみは強いが、不安が過呼吸を引き起こすこともあるので、必要以上に恐れないこと。

### 2 ゆっくりと息を吐く

リラックスした姿勢で、ゆっくりと息を吐く呼吸をする（吸うのはいつもと同じ）。
「息を吸う」と「息を吐く」の割合の目安は1対2。

呼吸の回数は減ることになる

10秒くらいかけて息を吐くとよい

過呼吸になると、血液中の二酸化炭素が減少し、それがさまざまな症状を招く。息をゆっくり吐くのはその二酸化炭素を増やすため

## 3 周りの人は背中をさする

周りの人は傷病者の背中をさするなどして、「ゆっくり吐く呼吸」を促す。

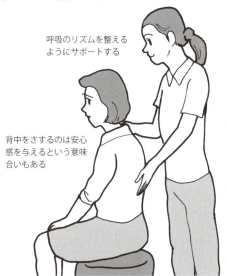

呼吸のリズムを整えるようにサポートする

背中をさするのは安心感を与えるという意味合いもある

過呼吸の応急手当といえば、かつては袋を口にあてるというイメージが強かったが、最近は推奨されていない。

### 一口メモ 慢性化を防ぎたいなら専門医による治療を

過呼吸は命の危険に関わることは少ないが、頻発するようでは日常生活に影響を与えることになる。精神的なストレスが原因であることが多く、再発を予防したいのであれば専門医（心療内科）を受診するとよい。日常から強い不安を抱えていたり、強い緊張を感じているのであれば、カウンセリングを受けるという選択肢もある。リラックスすることが過呼吸の予防に役立つと考えられているので、自分でできることとしては、音楽を聴くなどの「自分なりのリラックス法」を見つけるのも有効だ。

専門医を受診すると、不安をやわらげる薬剤が処方されることもある。いずれにせよ「過呼吸で死ぬことはない」と落ち着くことが重要だ

# マメ・靴ずれ

マメや靴ずれといった摩擦による皮膚のトラブルは、患部を清潔な状態にして、バンソウコウなどで保護する。原因を取り除くことも大切。

## 【症状】

皮膚は接するものとの摩擦によってトラブルを生じることがある。一般的には水疱をマメ、皮膚が硬くなったものをタコ、タコに似た状態で芯があるものをウオノメといい、いずれも症状としては痛みなどを生じる。

## 【応急手当（マメ）】

### 1 患部を洗い流して清潔にする

マメ（水疱）が破れて、そこから細菌が入る可能性もある。マメができた場合は患部を流水で洗うなどして清潔な状態にする。

患部を流水にさらして、汚れを落とす

**一口メモ マメが大きければ…**
マメは大事にいたることは少ないが、水疱が大きくて、痛みが強い場合などは専門医を受診したほうがよい。

### 2 バンソウコウなどで保護する

患部に摩擦や刺激が加わらないようにバンソウコウやガーゼなどで保護する。

バンソウコウは大きめのものを選ぶ

**一口メモ バンソウコウは必要に応じて**
バンソウコウやガーゼは外からの刺激を軽減するために使用する。刺激を防ぐことができるなら、貼らないほうが治りは早い。

### 3 安静を保つ

原因となっている行動を控える（足のマメの場合は靴を変える）と、基本的には自然と症状は軽くなる。

# 【応急手当（靴ずれ）】

## 1 患部を保護する

靴ずれは靴のサイズや形が自分の足に合わず、すれることによって生じる。応急手当としてはバンソウコウなどで保護すると痛みは軽減されることが多い。

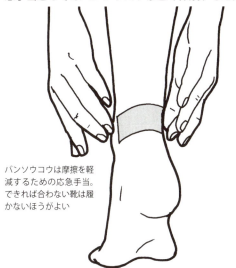

バンソウコウがなければ、ガーゼや重ねたティッシュでもよい

バンソウコウは摩擦を軽減するための応急手当。できれば合わない靴は履かないほうがよい

足の指にできたウオノメは、初期段階であれば薬局などで市販されている角質剥離剤で対応するとよい。

### 一口メモ　水疱はつぶさないのが基本。つぶしたら、皮ははがさない

手にできたマメや靴ずれで足にできた水疱はつぶしてしまうと、痛みが強くなる。治りも遅くなる傾向にあることから、水疱はつぶさないのが基本。ただし、足の裏にできた場合や、いつまでも状態がよくならない場合、水疱が大きくて痛みが強い場合などはつぶしたほうがよいこともある。その場合は感染症の恐れなどもあることから、専門医を受診したほうがよい。また、気がつかないうちに水疱がつぶれてしまった場合は、患部を清潔な状態にして、皮をはがさない。この場合も専門医を受診したほうが安心だ。

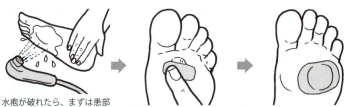

水疱が破れたら、まずは患部を清潔な状態に　　皮ははがさない　　バンソウコウなどで保護する

# 誤飲

食べ物や飲み物以外の物を飲み込んでしまったら、まずは飲み込んだものの特定を。自分で判断をしないで医療機関に相談するのが基本。

## 【症状】

食べ物以外のものを口に入れやすく、状況を言葉で説明できない乳児はとくに要注意。気をつけたいのは飲み込んだものが気道をふさぐことと成分によって健康を害すること。誤飲した場合は咳き込むなどの症状があらわれる。

## 【応急手当（基本）】

### 1 状況を確認する

飲み込んだものによって対応は異なる。まずは落ち着いて、なにを飲んだかを確認する。

周囲の状況を確認すると誤飲したものがわかることも多い

**一口メモ　病院に同じものを**

病院を受診する際には、飲み込んだと思われるものと同じものが現場に残っていたら、それを持っていく。たとえば「タバコを飲み込んだら、残っている他のタバコをパッケージごと」という具合。それがスムーズな診療につながる。

### 2 医療機関に相談する

「吐き出させるべきか」の判断は難しい。すぐに専門医に診てもらうか、医療機関に電話で相談を。場合によっては救急車を呼んだほうがよいこともある。

誤飲は自分で判断しないで、医療機関に相談を

**一口メモ　無理に吐かせない**

「家庭で吐かせる」という応急手当は吐物が気管に入ってしまう危険性や受診を遅らせる可能性があり、積極的にはすすめられていない。意識がなかったり、けいれんをしていたら、救急車を呼んだほうがよい。

## 3 必要に応じて吐かせる

医療機関に相談をするのが第一選択肢だが、タバコなどは中毒を起こす可能性があるので、すみやかに吐かせたほうがよい。

乳児に吐かせる場合は、スプーンを舌の奥にあてて、軽く下に押すとよい

### 一口メモ　タバコは水を飲ませない

タバコは含まれているニコチンが問題で、とくに2cm以上の長さを飲み込んだときが危険といわれている。また、タバコが溶けた水を飲んだときも同様に危険である。

# 【応急手当（薬物）】

## 1 すみやかに病院へ

タバコと同様に乳児の誤飲が多いのが成人用の薬剤。具体的には向精神薬、気管支拡張剤、血圧降下剤など。この場合もすみやかに病院で診てもらう。受診の際には次のことを申告する。

①どんな薬を飲み込んだか　　②いつ飲み込んだか　　③今の体調の変化

# 食中毒

食中毒は原因となる細菌やウイルスによって症状や危険性はさまざま。呼吸困難などの重度の場合はもちろん、軽度でも受診したほうがよい。

## 【症状】

食中毒の原因は食べ物や飲み物に含まれている細菌やウイルス。その種類によって症状が発生するまでの時間は異なり(食後30分後もあれば数日後もある)、下痢、嘔吐、腹痛、発熱が主な症状である。

## 【応急手当】

### 1 状況を確認する

食中毒は軽度のものは自宅での静養などで2〜3日で症状が軽減していく。ただし、激しい下痢などの重い症状が見られる場合はすぐに病院へ。

食中毒は多くの場合、お腹が痛くなる

激しい下痢や嘔吐、呼吸困難、意識障害などの重い症状が見られる場合は救急車を呼び、必要に応じて一次救命処置(50ページ)を行う

血便や下痢が1日10回以上も続く場合はすみやかに病院へ

### 2 水分を補給する

ここからは軽度(がまんできる程度の腹痛)の食中毒の応急手当。脱水症状を防ぐために水分を補給する。

水分はこまめに補給する

冷たいものではなく常温のものがよい

## 3 吐き気がするときは横向きに寝る

顔を上に向けていると嘔吐物が気道につまる可能性がある。吐き気があるときは横向きに寝る。

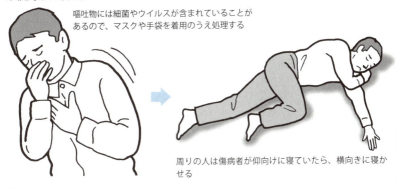

嘔吐物には細菌やウイルスが含まれていることがあるので、マスクや手袋を着用のうえ処理する

周りの人は傷病者が仰向けに寝ていたら、横向きに寝かせる

## 4 安静を保つ

下痢や嘔吐により、体力を消耗するので、できるだけ安静を保つ。食事はおかゆがよく、一般的には便と同じ硬さを目安にするとよいとされている。

> **一口メモ　食中毒は予防が大切**
>
> 食中毒は食品の保存方法などに気をつけることが予防につながる。調理前には必ず手を洗い、調理器具も清潔なものを使うように。調理は十分に加熱することも重要である。また、エアコンの普及などにより、最近は冬でも食中毒になるケースが増えている。残った食べ物は室温で長く放置しないように気をつけることも大切である。

購入前に消費期限を確認する　　とくに肉類や魚類は暑いところに放置しない

# ひび・あかぎれ

水仕事がつらくなるひびやあかぎれの応急手当は、水に触れないようにするのがポイント。バンソウコウを貼り、ゴム手袋などで保護する。

## 【症状】

ひびやあかぎれは主に冬に生じる。原因は乾燥によって皮膚の表面の水分や油分が失われ、寒さによってバリア機能が低下すること。ひびは皮膚の表面がかさついて亀裂が入った状態で、その亀裂が深いとあかぎれと呼ばれる。

## 【応急手当】

### 1 患部にバンソウコウを貼る

痛みが強く、水仕事に影響する場合は、まず患部にバンソウコウを貼る。

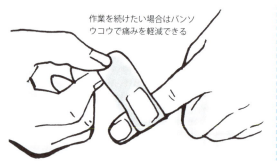

作業を続けたい場合はバンソウコウで痛みを軽減できる

防水タイプなどバンソウコウにはいろいろなタイプがあり、あかぎれ用も市販されている。

### 2 ゴム手袋などで保護する

ひびやあかぎれは水に触れると痛むので、ゴム手袋を着用するなどして、患部を保護する。

キズ口にゴム手袋の成分が入り、症状が悪化することもあるので、バンソウコウを貼ってから着用したほうがよい

**一口メモ　アレルギー対策**
ゴム製品にかぶれる人は布製の手袋の上から、ゴム手袋を着用するとよい。

# 3 保湿クリームを塗る

水仕事が終わったらバンソウコウをはがして保湿クリームを塗るなどして、症状が重くならないように務める。

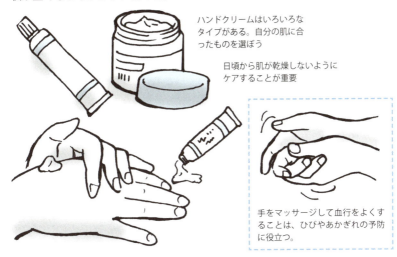

ハンドクリームはいろいろなタイプがある。自分の肌に合ったものを選ぼう

日頃から肌が乾燥しないようにケアすることが重要

手をマッサージして血行をよくすることは、ひびやあかぎれの予防に役立つ。

---

**一口メモ　かかとのトラブルは水虫の可能性もある**

ひびは手だけではなく、足裏にも生じることがある。足裏は手よりも皮膚の表面の角質が厚く、パックリと割れてしまうことも少なくない。症状が重くなると歩行が困難になることも。応急手当としては、手のひびやあかぎれと同様に「バンソウコウを貼る」、「保湿クリームを塗って、ガーゼで保護する」とよい。足裏が硬くなっていたら、その危険性があるので予防することも大切。また、足裏のトラブルは水虫が原因であることも多いので、早めに専門医に診てもらいたい。

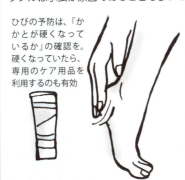

ひびの予防は、「かかとが硬くなっているか」の確認を。硬くなっていたら、専用のケア用品を利用するのも有効

かかとの水虫はかゆみが弱く、水虫とそうでないものを見分けることは難しい。早く改善するためにも受診したほうがよい

# 急性アルコール中毒

いつもよりも速いペース、多い量で飲酒した場合は急性アルコール中毒に要注意。声をかけてもまったく反応がなければ、救急車を呼ぶ。

## 【症状】

短時間に多くの量のアルコールを摂取することで、血中のアルコール濃度が上がり、頭痛や吐き気、呂律が回らなくなるなどの症状があらわれるのが急性アルコール中毒である。とくに問題となるのは、意識障害やけいれんである。

## 【応急手当】

### 1 意識（反応）を確かめる

呼びかけるなどして「意識があるかどうか」を確認する。

意識の確認は体を揺さぶらずに、声をかけるなどして行う

**一口メモ　危険な兆候**

急性アルコール中毒が疑われる特徴的な兆候として、「呼びかけても反応がない」以外に、「ふらついて自分で立てない」、「激しい吐き気が止まらない」などがある。

### 2 意識があれば落ち着かせる

意識がある場合は、落ち着かせること。もちろん、それ以上アルコールを飲む（飲ませる）のはNG。

意識がしっかりしてきたら水を飲ませる

**一口メモ　安定まで付き添う**

意識があっても、徐々に症状が悪くなることもある。急性アルコール中毒の疑いがある場合は、周りの人は付き添うように。

## 3 意識がなければ救急車を呼ぶ

意識がない場合は、すみやかに救急車を呼ぶ。

落ち着いて、場所や状況を伝える

救急車を呼ぶかどうか、判断に迷うようであれば「救急相談センター」に連絡して、指示を仰ぐという選択肢もある。
・救急相談センター（受付電話番号）

# #7119

## 4 呼吸していなければ胸骨圧迫を行う

救急車の到着を待つ間は、傷病者の状態に応じて応急手当を行う。呼吸をしていなければ、胸骨圧迫を行う。

胸の動きを見て呼吸を確認する

呼吸していなければ胸骨圧迫を。心得があれば人工呼吸（**72**ページ）でもよい

## 5 横向きに寝かせる

嘔吐物が気道をふさがないように、横向きに寝かせる。上側のヒザを90度に曲げるのが基本。

寒い環境では、低体温症を防ぐために上着や毛布をかける

顔の向きは右でも左でもよい

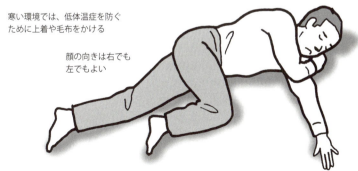

# 感電したらまずは電流を遮断する

**感電事故は家庭でも起こる可能性がある。やけどを負うことが多いが、さまざまな症状があるので、医師の診察を受けるのが基本。**

### 感電事故は身近な危険

家電製品の故障や漏電、濡れた手でコンセントに触れるなどの原因で電流が体内を通り、やけどや電気ショックを受けることを感電という。日本の家庭用電源は100Vで、アメリカなど海外の200Vに比べると低電圧ではあるが、それでも電流の流れ方によっては命の危険に関わることもある。

### 感電事故の応急手当

感電事故が起こった際は、二次災害のおそれがあるので、まずは「ブレイカーを落とす」、「家電機器をコンセントから外す」などして電流そのものを遮断する。なんらかの理由で電流を切れない場合、救助者はゴム手袋など絶縁性の高いものを着用して救助を行う必要がある。

一口に感電事故といっても状況はさまざまであり、症状や重症度も異なる。漏電や家電製品の故障などの他に、幼児がコードを噛んで感電するという事故もあるので、とくに小さな子どもがいる家庭では注意が必要だ。

感電した場合の代表的な症状はやけどと痛み。やけどをした場合の応急手当は患部を冷やすこと。その他には電流の影響で激しく筋肉が収縮した結果、脱臼や骨折などにいたることや内臓など体の内側が重症を負っていることもあるので、やけどを含めて感電をした場合には病院で診察を受けるのが基本である（感電事故による症状が重く、意識がない場合は、救急車を呼ぶ）。

# 6章

## アウトドアの
## アクシデントの応急手当

ヘビに咬まれた場合は、
そのヘビの種類によって対応は変わる。
アウトドアでのアクシデントに対応するには、
知識が必要になることも。
「いざ」というときのためにしっかりと準備をして、
楽しく遊びたい。

# 低いところからの転落事故

転落事故は落ちた高さなどによって応急手当の方法が異なる。成人が1m未満の低いところから転落した場合に起きやすいのはネンザなどだ。

## 【症状】

低いところからの転落や飛び降りた際の着地の失敗で多いのは、地面に打ちつけたところの打撲や足首や手首のネンザ、肩の脱臼、骨折など。症状としては**痛みや腫れとしてあらわれる**。

## 【応急手当】

### 1 状況を確認する

どこを強く打ち、どこに症状があるかを確認する。

痛みがあるところや出血の有無を確認する

### 2 状況に応じた応急手当を行う

#### ■腰が痛む場合

尻餅などで腰だけを打ち、痛みや腫れ、皮膚の変色などがあるときは、しばらく安静を保つ。

冷シップなどを使って患部を冷やす　　　　ラクな姿勢で横になる

## ■出血がある場合

出血していたらすみやかに止血を。骨折の疑いがある場合は無理に動かさないように気をつける。

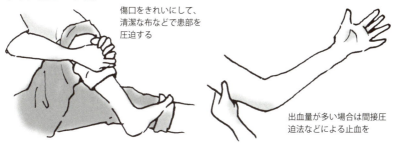

傷口をきれいにして、清潔な布などで患部を圧迫する

出血量が多い場合は間接圧迫法などによる止血を

## ■手足の関節などに腫れや痛みがある場合

まず疑われるのはネンザだが、痛みや腫れが強い場合は骨折をしていたり、関節が脱臼していることもある。応急手当の基本は固定すること。

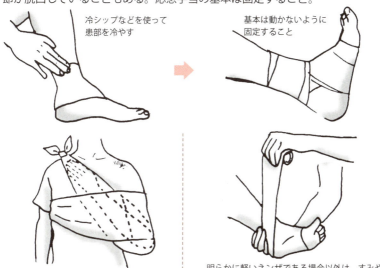

冷シップなどを使って患部を冷やす

基本は動かないように固定すること

肩の脱臼は三角巾などで固定

明らかに軽いネンザである場合以外は、すみやかに病院へ

### 一口メモ 尻餅でも軽視は禁物。無理をしないで専門医に受診を

尻餅をついただけでも、お尻の骨を折ってしまうことは少なくない。また、脱臼した関節を自分で元の状態にしようとすると、症状が悪化することに。決して無理はしないで、専門医に診てもうらことが基本だ。

6章 アウトドア 低いところからの転落事故

# 高いところからの転落事故

高いところからの転落は脳や内臓を損傷していることもある。事故直後は症状が軽いように見えても、必ず専門医の診断を受けること。

## 【症状】

高いところからの転落事故では、頭や首、背中などを直接地面に打ちつけることも多く、命の危険に関わることもある。症状としては、意識を失ったり、ショック症状（108ページ）が見られることもある。

## 【応急手当】

### 1 状況を確認する

まずは冷静に状況判断を。意識（反応）や呼吸などを確認する。

- ●意識、呼吸の確認
  ➡54ページ
- ●嘔吐➡90ページ
- ●けいれん➡104ページ
- ●ショック症状
  ➡108ページ

### 2 救急車を呼ぶ

頭を強く打って意識がない場合などは、できるだけ早い治療が必要。救急車を呼ぶ。

落下したときの状況、現在の容態などを簡潔に伝える

周りに人がいるときは助けを求めるとよい

## 3 一次救命処置を行う

「意識がない」、「呼吸していない」という場合は一次救急処置をできるだけ動かさないで行う。ただし、骨折や内臓損傷の可能性があるときは、慎重に行う必要がある。

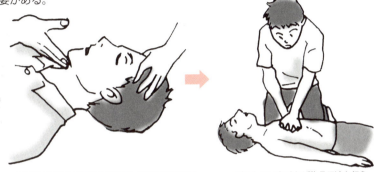

傷病者の胸やお腹の動きを見て、呼吸を判断する

呼吸していなければ胸骨圧迫を行う

## 4 ケガの応急手当を行う

状況に応じてケガの応急手当を。内臓損傷の可能性がある場合は、無理のない範囲で行う。

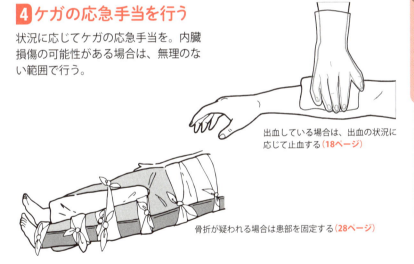

出血している場合は、出血の状況に応じて止血する（18ページ）

骨折が疑われる場合は患部を固定する（28ページ）

## 5 病院で診察を受ける

救急車を呼んだ場合、通報後にできる範囲の応急手当をしたら、負傷者を毛布で包むなどして保温して救急車の到着を待つ。負傷者が自分で歩けるような、症状が軽いように見える場合も、できるだけ早い段階で受診したほうがよい。

# 水難事故（救助）

水難の救助は危険をともなう。泳いで助けるのは最後の手段で、まずは周囲の協力を求めて、陸から助けることを考える。

## 【救助の概要】

水難事故の救助方法はおもに二つで、陸から救命具を投げるなどして助けるか、自分が泳いで助けるか。まずは陸から助けることを考え、自分が泳ぐ場合も、要救助者にできるだけ近づかないように気をつけよう。

## 【陸からの救助】

### 1 周囲の協力を求める・通報する

要救助者には落ち着くように声をかけ、周囲の人に協力を求める。消防署や海上保安庁に通報する。

あわてずに落ち着くように声をかける

川・湖・池は119番、海は118番に通報する

### 2 救命具やロープ、浮くものなどを投げる

ロープのついた救命具はもちろん、端を結んだロープも要救助者がつかめれば陸に引き上げることができる。それらがなければ、浮き輪やクーラーボックスなどの浮くものでも、要救助者がつかまって助かることにつながる。

ロープの端を足で踏むなどして、引き上げるのにそなえる

# 【泳いでの救助】

## 1 衣服を脱いで、浮くものを持つ

ロープつきの救命具などの救護に役立つものを持ち、要救助者に近づく。

救助者は泳ぎやすいように衣服を脱ぐ

持っていくのによいのはロープつきの救命具。なければロープや浮き輪などでもよい

## 2 要救助者を助ける

要救助者にいきなり近づくのは、しがみつかれる危険がある。ぐったりしているとき以外はすぐには近づかない。

しがみつかれたら、一度もぐると要救助者は離れることが多い

距離を保って救命具などを渡す

# 水難事故（応急手当）

おぼれた人を引き上げたら、まずは意識や呼吸の確認を。意識がなければ救急車を呼ぶ。水を飲んでいても無理に吐かせる必要はない。

## 【症状】

おぼれた人は水を飲むことになる。気道（空気が通る道）に水が入り込むと、気道がふさがれて窒息状態になる。窒息状態になると、脳への血流が途絶え、意識がなくなるなどの症状が起こり、最悪の場合、心肺停止にいたる。

## 【応急手当】

### 1 意識（反応）を確認する

耳元で呼びかけるなどして意識を確認する。意識がなければ救急車を呼ぶ。

耳元で「もしもし」、「大丈夫ですか？」などと呼びかけて反応があるか確認する

### 2 意識があれば温かくして病院へ

意識がある場合は体の水を拭き、毛布などで全身を包んで温かくして病院へ。時間が経ってから体に異常が出ることもあるので、必ず受診する。

移動する際には、できるだけ安静を保てる姿勢に。嘔吐にそなえて、横向きに寝て、顔を手にのせるとよい

## 3 呼吸を調べる

意識がなければ救急車が到着するまでの間に、呼吸を確認する。

意識がなければ、呼吸を確認。医療従事者は自分の頬で呼吸を感じるなどの方法でもよいが、心得がなければ傷病者の胸やお腹の動きをチェック

## 4 呼吸や脈に異常があれば胸骨圧迫を開始

呼吸していなければ、救急車の到着を待たずに胸骨圧迫(**60ページ**)を行う。

圧迫するのは胸骨の下半分。深さは胸が約5cm沈むように、1分間あたり100～120回のテンポで圧迫する

ノドに水面を流れていた異物がつまり、気道をふさいでいることもある。手で取り出せるものは取り出すように。

## 5 状態が安定したら温かくして病院へ

呼吸が安定したら、横向きに寝るなどの安定を保てる姿勢にして、救急車の到着を待つ。毛布で全身を包むなどして温かくしておくことも重要。

### 一口メモ 人工呼吸よりも胸骨圧迫を優先

おぼれていた人を救助した場合、以前はマウスツーマウスの人工呼吸が最優先されていたが、最近は胸骨圧迫の有用性を示すデータもあり、その考え方が変わりつつある。その背景には人工呼吸は少し難易度が高いということもある。ただし、心肺蘇生法のトレーニングを受けている人(非医療従事者を含む)は、人工呼吸も行ったほうがよいことには変わりはない。

# 日焼け

日焼けはやけどであり、痛みがひどいときには応急手当をしたほうがよい。
基本は冷やすこと。症状がよくならなければ病院で診てもらうこと。

## 【症状】

日焼けは軽度のやけどあり、日光に含まれている紫外線によって引き起こされる。紫外線量の多い時期に日光に長い時間あたると、皮膚は赤くなって腫れ、痛みをともなう。症状が強い場合は水疱があらわれる。

## 【応急手当】

### 1 患部を冷やす

皮膚がヒリヒリと痛むような日焼けをしてしまったら、患部を冷やすこと。
10～15分ほど、流水にさらすのが理想である。

日焼けはやけどの一種とも考えられる。やけどと同様に流水で冷やすのが理想

海水浴などで広範囲に日焼けをした場合は、シャワーで冷やすとよい

水道を長時間利用できない場合は、患部に濡れたタオルをあてるのも効果がある

患部は刺激しないように気をつける。かゆくてもかきむしってはいけない

## 2 水疱はガーゼで保護する

日焼けでできた水疱をつぶすと、あとが残ったり、感染症につながることがある。つぶさないようにガーゼなどで保護する。

**一口メモ　破れたらはがさない**

水疱がつぶれてしまったら、薬などはつけずに、なかの液体を出して病院へ。水疱の外膜となっていた皮膚ははがさないで、つけたままの状態がよい。無理にはがそうとすると、うまくはがせないでキズになってしまうことがある。

水疱は冷やしたあとに清潔なガーゼなどで覆い、破れないように保護する

## 3 日光をさえぎる

患部は刺激に対して弱くなっているので、それ以上の日焼けをしないように注意する。

予防も同じだが、長袖の衣服を着用するなどして、日光があたらないように工夫する

日焼けの治療に使用できる市販薬は多くはない。度合いによっては、感染症のリスクやキズあとが残る可能性もある。市販薬は薬剤師・登録販売者に相談のうえ、使用すること。

## 4 症状が改善されなければ病院へ

皮膚の痛みなどがおさまらなければ、すみやかに皮膚科を受診する。

# 高山病

山登りをしていて頭が痛くなったら高山病の可能性がある。それ以上、登山はしないで休憩をして、症状が改善されなければ、すみやかに下山を。

## 【症状】

標高が高くなるにつれ、酸素は薄くなる。その状態に体がうまく対応できないと、いわゆる高山病と呼ばれる症状が引き起こされる。ほとんどのケースで頭痛をともない、その他の症状としては吐き気、めまいなどがあげられる。

## 【応急手当】

### 1 高度を上げずに休憩する

その場所の酸素濃度に体を順応させることが症状の改善につながる。症状が出たら、それ以上の登山をやめて、同じ高度で休憩する。

高地は平地よりも気温が低い。休憩するときは体が冷えないように気をつけよう

### 2 水分を補給する

体が高地に順応するには水分と塩分が必要。そのため、体内の水分が不足しがちになり、それが体の不調を引き起こしている可能性もある。水分をしっかり補給しよう。

刺激が強いとされる、カフェインやアルコールを含む飲料は避けたほうがよい。

## 3 エネルギー源を補給する

高山病は体が疲れている状態でもあるので、エネルギー源となる食料もしっかりと補給を。チョコレートなどの糖質を豊富に含む食品がよい。

疲労を回復するように食事をとる

**一口メモ　登山は準備が大切**

標高がそれほど高くない山でも、登山をする際には、しっかりと準備をしておきたい。食料や水は十分な量を用意しておくこと。高山病になったときにも登山用の行動食（行動中に食べる食品）があるとよい。

## 4 下山する

多くの場合、高山病は下山すると症状が改善される。山で無理は禁物なので、休憩して症状が改善したら、自分で動けるうちに下山したほうがよい。

高山病の応急手当は下山することといってもよい。仲間と来ている場合は、仲間も付き添って下山する

## 5 症状が改善されなければ病院へ

下山しても頭痛などの症状がおさまらなければ、すみやかに病院で受診を。

# ハンガーノック

長時間の運動をするときにはハンガーノックにも要注意。急に力が入らなくなってしまう。休憩&エネルギー補給が応急手当の基本となる。

## 【症状】

ハンガーノックとはランニングやロードバイクなどの長時間の運動によって、体を動かすエネルギー源である糖などの枯渇。症状は「急に体に力が入らなくなる」、「手足がしびれる」などがあり、場合によっては失神することもある。

## 【応急手当】

### 1 変調を感じたら、すみやかに休憩する

ハンガーノックになると、急に体に力が入らなくなる。転倒をして思わぬ大きなケガにつながる可能性もあるので、体の変調を感じたら運動をやめる。

ハンガーノックはロードバイクなどに多い。交通事故を招く恐れもある

### 2 エネルギー源を補給する

一度ハンガーノックになるとカロリーを吸収する力も弱まる。応急手当ではエネルギー源となる食品を補給することになるが、補給後は体調の回復を待つ。

エネルギー源と同様に、水分も補給しておきたい

エネルギー源はマラソン用などとして市販されているエナジージェルが理想。果物でもよい。

**一口メモ** **ハンガーノックはこまめなエネルギー補給などで予防する**

ハンガーノックは事前にしっかりと対策をしていれば、予防することができる。主な原因は三つ。とくにマラソンやロードバイク、トレイルラン、トライアスロンなどの長時間にわたる運動を行う際にはハンガーノックにならいように意識することが大切。

原因①
運動のペースが速すぎる

↓

対策
心拍数を目安にするとよい。次の式で最高心拍数を計算する。

最高心拍数＝
（220－年齢）の75%

最高心拍数として算出された数値以下になるように運動のペースを落とす

原因②
エネルギー源の補給が不十分

↓

対策
エネルギー源はこまめに補給するのがよい。運動に必要なエネルギー量の目安は次の式で求められる。

目安のエネルギー量＝
体重×行動時間
×5kcalの50～100%

目安のエネルギー量を摂取するように意識する

原因③
水分の補給が不十分

↓

対策
エネルギー源と同様に水分補給もこまめに行うこと。運動に必要な水分量の目安は次の式で求められる。

目安の水分量＝
体重×行動時間×5ml

目安の水分量を摂取するように意識する

その他の対策
無理な運動はハンガーノックにつながる。次のような点に注意を。
●自分の実力以上の目標を設定しない
●目標のペースに必要以上にこだわらない
●周りのペースにつられないで、自分のペースを守る
●グループで運動をしている場合、変調を感じたらすぐに報告する。また、自分が問題がないときには仲間の疲労度などに気を配る

6章

アウトドア

ハンガーノック

175

# 低体温症

低体温症は症状が悪化すると命の危険に関わる。なによりも早い段階での対応が大切。軽度であれば、どのようなものでも回復しやすい。

## 【症状】

低体温症はおぼれたときや冬季の山中、路上で寝てしまった場合のように、とても寒いところに一定の間とどまっていた場合に起こる。症状は震えなどからはじまり、体温の低下とともに悪化。30度以下になると生命の危機になる。

## 【応急手当】

### 1 暖かいところに移動する

低体温症は全身の震えからはじまる。寒くて震えはじめたら黄色信号なので暖かい場所に移動。動けない状態の人を発見した場合は救急車を呼び、暖かい場所に慎重に運ぶ。

震えは熱をつくりだすための筋肉の小刻みの収縮

**一口メモ　早めの対応を**

低体温症は段階別に考えられていて、重度（体温が30〜25度）を超えると危険。できるだけ早い段階で身体を温める応急手当を施すことが重要である。

### 2 温かい格好をさせる

ここからは救急車を呼んだあとの救助者の対応。濡れた衣服を着替えさせるなどして温かい格好をさせる。温かい飲み物を与えるのもよい。

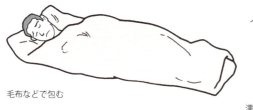

毛布などで包む

濡れていたり、湿った衣服は乾いたものに

# 1 状況に応じて温める

低体温症では要救助者の状況に応じた応急手当が必要になることもある。

## ■中度（体温が33〜30度）

心拍数が少し下がり、無関心状態になる。

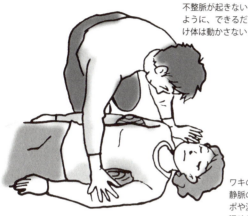

不整脈が起きないように、できるだけ体は動かさない

電気毛布などを使った体の表面を温める手当はしない。冷たい血液が心臓に戻り、ショック症状を引き起こすことがある。

ワキの下や股下などの太い静脈のあるところに湯タンポや温かいタオルをあてて温める

## ■重度（体温が30〜25度）

心拍数が明らかに下がり、意識が錯乱しがち。心拍や呼吸が停止することもある。

心拍や呼吸が停止していたら、胸骨圧迫を行う

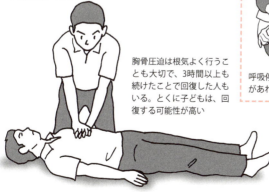

胸骨圧迫は根気よく行うことも大切で、3時間以上も続けたことで回復した人もいる。とくに子どもは、回復する可能性が高い

呼吸停止に対しては、心得と意思があれば人工呼吸も有効である。

# しもやけ・凍傷

寒いところに長時間いると、しもやけや凍傷になる可能性がある。しもやけと凍傷は別の疾患だが、応急手当では患部を温めるということは共通している。

## 【症状（しもやけ）】

しもやけは寒い環境下で起きる肌のトラブル。指などにかゆみや痛みをともなう発疹やうっ血、炎症などが生じる。手足の指先や耳たぶといった末端部分に生じるタイプと、手足全体が腫れるタイプの2種類がある。

## 【応急手当（しもやけ）】

### 1 患部を温める

しもやけの原因は血行不良。患部を温めて血行をよくすることが、症状の改善につながる。

患部の冷えがなくなるまで、ぬるま湯で温める

お湯の温度が高すぎるとかゆみや痛みが増す場合があるので、注意が必要だ。

### 2 薬を塗る

血行を促進する働きが期待される、ビタミンEやヘパリン類似物質が配合されたクリームを塗る。

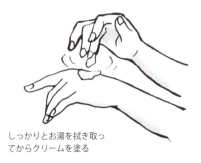

しっかりとお湯を拭き取ってからクリームを塗る

**一口メモ　症状によっては病院へ**

しもやけは水疱になることもある。水泡が破けてしまうと、そこから感染症へとつながることも。「しもやけなら大丈夫……」と軽視しないで、かゆみや痛みが強ければ、病院で診てもらったほうがよい。

# 【症状（凍傷）】

凍傷は極端な低温によって体の組織が凍り、さまざまな症状を引き起こすもの。しもやけとは異なる疾患である。はじめは鋭利な痛みが生じ、その後しびれが起こり、症状が進行すると患部は感覚を失いはじめる。

# 【応急手当（凍傷）】

## 1 暖かいところに移動する

凍傷は症状が進行すると、患部が壊死し、切断しなければならなくなる。治療は救急車を呼び、すみやかに専門医に診てもらうのが基本。応急手当ではまず全身の保温に務める。

傷病者を暖かいところへ運ぶときは、できるだけ安静を保つように意識する

衣服をゆるめる。その後、全身を毛布で包むなどして、全身を保温する

## 2 患部を温める

患部を40〜42度のお湯につけて温める。それが難しければ、凍傷におかされていない人の皮膚に接触させて温める。

患部が足の場合は体重をかけないように気をつける

**一口メモ　途中でやめない**

患部の知覚や運動機能が戻るまで温めつづける。その際に痛みが生じることがあるが、そこでやめないこと。また、患部をこすったり、叩いてはいけない。

## 5 患部を布で包み、病院へ

患部に外からの刺激が加わらないように布やガーゼで包み、すみやかに専門医に診てもらう。

# 虫に刺された

虫刺されの応急手当は、まずは刺されたところを流水などで洗い流し、次に患部を冷やすこと。とくにスズメバチに刺された場合は注意が必要である。

## 【症状】

虫刺されは身近なトラブルで、多くの場合、発疹、かゆみ、痛みなどの炎症が見られる。原因には、蚊やダニなどの血を吸う虫、ムカデなどの咬む虫、ハチなどの刺す虫、毛虫などの触れるだけで影響を受ける虫などがある。

## 【応急手当（毒性の弱い虫）】

### 1 すみやかに刺された場所を離れる

虫のトラブルの応急手当は、虫の種類を問わず、共通していることが多い。虫の巣が近かったり、密集していると、続けて刺されることがある。すみやかにその場所から離れること。

### 2 患部を洗い流して清潔にする

刺された部分を洗い流して清潔な状態にする。

流水で清潔に。水道を利用できなければウェットティッシュなどでもよい

ハリなどが残っている場合は、セロハンテープを軽く皮膚にあててはがすなどして取り除く。

### 3 患部を冷やして外用薬を塗る

かゆみや炎症をおさえる外用薬を塗る。症状が改善されないようであれば、皮膚科を受診する。

抗ヒスタミン剤やステロイド外用剤が一般的

**一口メモ　症状によっては病院へ**

蚊に刺された場合、かゆみをおさえるために市販薬で対応するのが一般的。市販薬には同じ銘柄でも成分が違うこともあるので、自分に合ったものを選ぶようにしよう。

# 【応急手当（毒性の強い虫）】

## 1 すみやかに刺された場所を離れる

ここではとくに生命の危険に関わる、スズメバチに刺された場合の対応を紹介する。刺されたら、続けて刺されないように、すみやかにその場を離れる。

## 2 毒を絞り出す

ポイズンリムーバーを使うなどして、毒を絞り出す。口で吸い出すのは口内のキズから毒が入ることもあるので好ましくない。

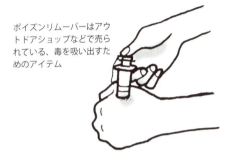

ポイズンリムーバーはアウトドアショップなどで売られている、毒を吸い出すためのアイテム

毒はキズ口の周りをつまんで出すこともできる。

## 3 汚れを洗い流してから、患部を冷やす

刺された部分を洗い流して清潔な状態にしてから、腫れをおさえるなどのために冷やす。

流水で汚れなどを洗い流して、患部周辺を清潔にする

冷やし方として、冷えたペットボトルを利用してもよい

## 4 薬を塗って病院へ

市販の虫刺され薬があれば塗り、すみやかに病院へ。大事にいたらないことが多いが、スズメバチに刺されるとアナフィラキシーショックという症状を招き、呼吸困難に陥ることがある。

# 危険な虫

山や川といったアウトドアはもちろん、身近なところにも刺されるとトラブルになる虫は数多く生息している。種類に応じた対応をするのが理想だ。

## 【血を吸う虫】

多くは吸血する際に唾液腺から毒素を注入するため、しばらくしてから刺されたところが赤く腫れ上がる。

**蚊**
人を刺す種類と刺さない種類がいる。刺す種類でも刺すのはメスのみ。
- 症状／刺されたところが赤く腫れ、かゆみをともなう
- 応急手当／市販の虫刺され薬が効果が高い

**ダニ**
ダニは昆虫ではなく正確には節足動物。イエダニやマダニがよく見られる種類。
- 症状／イエダニは刺された1～2日後に激しいかゆみをともなう炎症を起こす
- 応急手当／イエダニはかかないように注意して、市販の虫刺され薬を塗る

## 【咬む虫】

ムカデは毒を持っていて、咬まれると炎症を起こす。不用意に近づかないようにすること。

**ムカデ**
足がたくさんある節足動物。攻撃性は低いが、不用意に触れると咬まれることがある。
- 症状／咬まれた瞬間に痛みが走り、しびれる。やがて腫れてくる
- 応急手当／抗ヒスタミン薬とステロイド成分を配合した外用薬が効果があるとされている

**アリ**
多くは人間を咬むことはないが、イエヒメアリやヤマアリなど、咬む種類もいる。
- 症状／種類にもよるが、チクっとした小さい痛みがあり、咬まれたところが炎症を起こす
- 応急手当／大事にいたることは少ないが、症状が改善されなければ病院へ

# 【刺す虫】

とくに毒性が強いスズメバチには要注意。スズメバチがいたら、すみやかにその場から離れるように。

**ハチ**
種類やオスメスにより、刺すものと刺さないものがいる。とくにスズメバチには要注意。
- 症状／体質などによって症状には個人差がある。多くは痛みとともに炎症を生じる
- 応急手当／毒を抜いて、患部を冷やし、安静を保つ。受診したほうがよいことも多い

### 一口メモ とくに危険なハチ

虫刺されでまず気をつけたいのはスズメバチ。一口にスズメバチといっても、いろいろな種類がいて、たとえばキイロスズメバチは都市でもよく見かける。キイロスズメバチの大きさは20〜24mmで、攻撃性も強い。一方、足が長いアシナガバチの仲間や小型で丸いシルエットのミツバチの仲間は攻撃性は低く、刺されても大事にいたることはほとんどない。

# 【触れると被害がある虫】

アウトドアシーン以外にも、日常のガーデニングなどでも被害は多い。手袋を着用することなどが予防につながる。

**毛虫（ドクガの幼虫）**
ドクガやチャドクガ、イラガの幼虫が毒を持っている。チャドクガは椿などを好む。
- 症状／毒針毛に触れると赤く腫れ、痛みとかゆみを生じる
- 応急手当／虫刺されの応急手当の基本どおり、冷やして外用薬を塗る

**ハネカクシ**
被害が多いのはアオバアリガタハネカクシ。体色は赤と黒の2色で、姿はアリに似ている。
- 症状／知らずにつぶして体液に触れると、赤く腫れて、ブツブツや水疱ができる
- 応急手当／市販のステロイド外用剤を塗り、改善されなければ病院へ

# ヘビに咬まれた

ヘビに咬まれたときは、咬んだヘビが毒を持っているか、持っていないかによって応急手当が異なる。毒ヘビなら病院で診てもらう。

## 【症状】

とくに注意が必要なのは毒蛇に咬まれた場合。国内にはマムシ、ヤマカガシ、ハブという３種類の毒蛇がいて、症状は種類によって異なる。マムシやハブは痛みを感じ、咬まれたところが腫れる。

## 【応急手当】

### 1 落ち着いて「なにに咬まれたか」を判断する

毒蛇に咬まれてもすぐに死にいたることはない。落ち着いてなにに咬まれたかを判断する。咬まれたヘビをスマホなどで撮影するのも一つの選択肢。ヘビが逃げたら、症状などで判断する。

**マムシ**
北海道から九州まで幅広く分布。前歯に毒を持っている。
● 症状／咬まれたときに激痛が走り、5〜10分で腫れてくる

**ヤマカガシ**
本州、四国、九州に分布。赤と黒のマダラ模様。
● 症状／毒は遅効性。痛みや腫れは少ないが、出血が止まらないことも

**ハブ**
主な生息地は沖縄、奄美諸島。マムシ同様に前に毒歯がある。
● 症状／症状はマムシに似ているが、毒性が強く、症状は強い

### 2 患部を洗い流す

咬まれた部分を洗い流して清潔な状態にし、防水フィルムなどで傷を保護する。無毒ヘビなら、これで応急手当は終わり。

流水などで咬まれたところをきれいにする

咬まれたキズを防水フィルムなどで保護する

## 3 咬まれたところより心臓側を軽くしばる

ここからは毒ヘビに咬まれた場合の応急手当。あまり強くしばらないように要注意。少し血管が浮き出る程度にしばり、10分に1回はゆるめる。

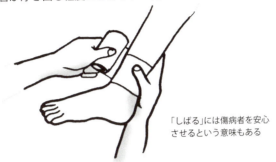

「しばる」には傷病者を安心させるという意味もある

## 4 毒を吸い出す

市販のポイズンリムーバーなどを使い、毒を吸い出す。

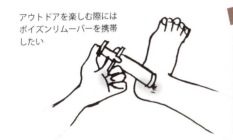

アウトドアを楽しむ際にはポイズンリムーバーを携帯したい

**一口メモ　口で吸って吸い出す**

咬まれたところに口をあて、吸って毒を吸い出す（その後すぐに吐き出す）という方法もあるが、口のなかにキズがあると、そこから毒が入る可能性もある。できるだけポイズンリムーバーを使いたい。

## 5 安静を保ち、病院へ

心拍数が上がるような運動を避け、咬まれたところをできるだけ動かさないようにして病院へ。

できれば担架を使うのが理想。歩いて移動するときは、あわてずにゆっくりと歩く

6章　アウトドア　ヘビに咬まれた

# 動物にキズつけられた

イヌに咬まれた場合は、適切な応急手当に加えて、専門医に診てもらうことが基本。自分で判断すると感染症にかかる可能性がある。

## 【症状】

アウトドアではサルに引っかかれることがあるほか、日常生活でも「イヌに咬まれる」、「ネコに引っかかれる」などしてキズを負うことがある。症状としては出血などがあり、場合によってはキズ口が化膿することもある。

## 【応急手当】

### 1 患部をきれいにする

咬まれたところ、引っかかれたところを流水にさらし、清潔な状態にする。

ネズミ（ペットのハムスター）などの、ほかの動物にキズつけられたときも、基本的な応急手当は同じ

流水で清潔に。水道を利用できなければウェットティッシュなどでもよい

### 2 出血が激しい場合は止血する

キズが深く、出血が止まらないときは圧迫止血を。

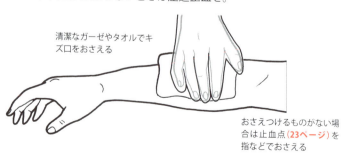

清潔なガーゼやタオルでキズ口をおさえる

おさえつけるものがない場合は止血点（23ページ）を指などでおさえる

## 3 患部を消毒する

キズ口周辺を流水などで清潔な状態にしたら、消毒液で消毒する。

キズが浅い場合は、消毒液を使用しないほうが治りが早いこともある。判断が難しければ消毒前に病院へ

**一口メモ　とくに子どもは要注意**

成人でキズが浅い場合、大事にいたらないこともある。しかし、乳幼児や子どもの場合は免疫力が成人よりも低く、感染症にかかりやすいという面がある。とくに破傷風には要注意。必ず小児科や皮膚科に診てもうように。

## 4 すみやかに病院へ

キズ自体はそれほど深くなくても、感染症のおそれがあるので、基本的には病院で診てもらったほうがよい。

受診の際には咬まれた状況などの説明を

ペットのイヌに咬まれた場合は、治療費の請求などのために、飼い主とともに病院を訪れたい。難しければ次のことを飼い主に聞いておく。
- 飼い主の連絡先（身分証で確認）
- イヌの監察番号
- 予防接種の有無

**一口メモ　動物が媒介する感染症**

動物にキズつけられた場合、怖いのはキズ自体ではなく、そこから細菌などが入り、感染症になること。代表的なものは狂犬病とネコひっかき病。狂犬病は罹患すると死にいたる感染症で国内ではまず心配はない。ただし、海外ではその危険性はあるので、イヌに咬まれた場合は専門医に必ず診てもらうこと。ネコひっかき病はネコ（イヌも同様）に引っかかれたキズから細菌が入り、首のリンパ節の腫れや発熱などの症状をきたす。こちらも専門医に診てもらうことが基本となる。

# 海で動物にキズつけられた

クラゲを軽視してはいけない。毒性の強いものに刺されると呼吸困難など、全身に症状があらわれることもある。適切な応急手当が必要だ。

## 【症状】

トラブルとしてよくあるのは、「クラゲに刺される」、「釣った魚の毒針に触れる」、「ウミヘビに咬まれる」など。毒が関係することがあり、その場合は痛みとともに「患部が赤く腫れ上がる」などの症状があらわれる。

## 【応急手当】

### 1 すみやかにその場所を離れる

まずは落ち着くこと。泳いでいるときにあわてるとおぼれてしまうこともある。クラゲの場合は密集していることもあるので、すみやかにその場から離れる。

### 2 トゲ（触手）を取り除く

トゲ（クラゲの触手）が残っている場合は取り除く。取り除く際に直接手に触れないように気をつける。

手で取る場合はビニール袋などで手を覆う

**一口メモ　無理は禁物**
魚のトゲなどを取り除く場合は無理をしないこと。乱暴に取ろうとすると、かえってこするなどの刺激を与えることになってしまうこともある。

### 3 患部をきれいにする

海水などで患部付近についた砂などを洗い流し、清潔な状態にする。

こするなどして刺激を与えないように気をつける

**一口メモ　海水で洗い流す**
海でのトラブルの場合、真水は浸透圧の関係で毒を余計に体内に入れてしまう可能性がある。海水で洗い流すのが基本。

## 4 患部を消毒する

消毒液で刺されたところを消毒する。必要性はそれほど高くはなく、無理に消毒液を探さなくてもよい。

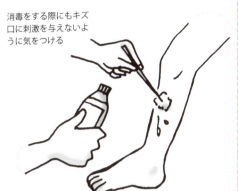

消毒をする際にもキズ口に刺激を与えないように気をつける

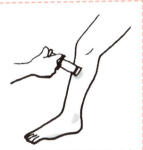

ミノカサゴなどの強い毒を持った魚に刺された場合はポイズンリムーバーなどで毒を吸い出したほうがよい。クラゲの場合は、あまり必要ない。

## 5 すみやかに病院へ

症状がそれほどひどくなくても、長引くことがあるので、病院で診てもらったほうがよい。

自覚している症状や刺された状況などを説明する

クラゲに刺された場合、かゆみが長期間に渡って残ることもある

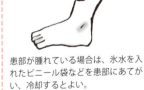

患部が腫れている場合は、氷水を入れたビニール袋などを患部にあてがい、冷却するとよい。

# 危険な海の生物

海には毒を持った生物も多い。珍しいからといって触ろうとしないことはもちろん、うっかり踏んでしまわないように移動時には足元に注意を。

## 【泳いでいるときに要注意】

もっとも被害の多いのはクラゲ。なお、スキューバダイビングを楽しむときには、不用意に触れようとしないことが大切だ。

### クラゲ
毒性のあるものとないものがある。とくに透明な青色をしたカツオノエボシに要注意。
- 症状/種類によって症状は異なる。多いのは患部が腫れ、ピリピリと痛むもの
- 応急手当/付着した触手を取り除き、患部を海水で洗う。その後、病院へ

### サンゴ
サンゴやサンゴに似た生物は毒があるものも。イタアナサンゴモドキなどの被害が多い。
- 症状/クラゲと同様に痛みをともなう炎症を起こすことが多い
- 応急手当/患部を海水で洗い清潔な状態にする

### ダツ
口が剣のように鋭くとがっているのが特徴。光るものに突進してくる性質がある。
- 症状/ナイトダイビングでライトに向かって突進され、ダツの口が体に突き刺さる
- 応急手当/ダツを抜き取ろうとしないで、状態に応じて止血。すみやかに病院へ

### ウミヘビ
毒を持たない魚類に属する種類と、爬虫類の毒蛇の2種類がいる。
- 症状/咬まれたときの痛みはあまりなく、時間をおいて麻痺や呼吸困難などがあらわれる
- 応急手当/毒ヘビは患部を海水で洗い、心臓側を軽くしばる。毒を吸い出して病院へ

## 【釣りで要注意】

釣りのトラブルは釣った魚を触ろうとしたときに起こることが多い。ヒレが鋭利な魚は少なくなく、なかには毒を持っている魚もいる。

**スズキ**
釣り人の間ではシーバスという呼び名で親しまれている。釣りの対象として人気が高い。
- 症状／背ビレやエラなどがカミソリのように鋭利で、素手で触れると裂傷を負うことがある
- 応急手当／基本的には裂傷の応急手当と同じ。まずは患部を海水で洗い、清潔な状態にする

**カサゴ**
カサゴの仲間のオニカサゴやよく似た姿をしているオコゼは毒を持っている。
- 症状／ヒレに毒があり、刺されると痛みが走り、やがて患部が赤く腫れる
- 応急手当／患部を海水で洗う。心臓側を軽くしばり、毒を吸い出す。症状に応じて病院へ

## 【海遊びで要注意】

被害が増えつつあるのはアカエイ。攻撃性はあまりないが、うっかり踏んでしまったときに反射的に反応され、刺されてしまう。

**アカエイ**
尾に毒がある。浅瀬の砂地を好み、海遊びや潮干狩りでも被害にあう。
- 症状／刺されると痛みが走り、毒針によって裂傷を負うこともある。毒は全身症状を招く
- 応急手当／患部を海水で洗い、心臓側を軽くしばる。毒を吸い出して病院へ

**ウニ**
トゲに覆われた海洋生物。長いトゲが特徴のガンガゼは猛毒として知られている。
- 症状／トゲによる傷に加えて、ガンガゼなどの毒は強い傷みや炎症を招く
- 応急手当／患部を海水で洗う。毒があるものに刺された場合は応急手当をして病院へ

Column

# キノコの食中毒は
# キノコ持参で受診

**キノコによる食中毒は、毎年、後を絶たない。もし食中毒を起こしたら、食べたキノコを持参すると、医師が対応しやすくなる。**

### 確実に安全でなければ食べない

　襲いかかってくる動物と違い、植物のほうから危険が迫ってくるということはないが、毎年、毒キノコや毒性のある植物による食中毒は発生している。多くの場合、よく似た食用に適したものと間違えてのアクシデントだが、確実に安全という判断ができないものを食用にするのは避けたい。キノコでは、シメジ類に似たクサウラベニタケ、ヒラタケやシイタケに似たツキヨタケ、ナメコやクリタケに似たニガクリタケで食中毒が発生することが多い。毒キノコによる症状は5種類に分類されている

①激しい下痢や腹痛、肝臓や腎臓の機能障害のあるもの

②悪酔いのような症状、発汗

③幻覚や精神錯乱

④吐き気・嘔吐・下痢・腹痛といった胃腸への障害があるもの

⑤手先、足先の腫れ、激痛。発症に数日かかる

### 違和感があればすぐに吐き出す

　そもそも食べないのが一番安全だが、万が一食べてしまった場合、食べてすぐに違和感があれば、誤飲の場合と同様に吐き出すこと。その後、病院で治療を受ける。その際は専門医が判断をしやすいように、食べたキノコなどを持参する。毒の種類によっては肝臓など内臓にダメージが残るものもあるが、幻覚症状などの場合は時間の経過とともに症状が軽減することが多い。

# 7章

## 事故・災害時の応急手当

とくに頻度が高く、
応急手当が求められることが多いのが交通事故。
当事者はパニック状態になっていることもあるので
周りの人の協力も重要な要素となる。

# 交通事故（事故直後）

ここでは応急手当が必要となるような交通事故を起こしてしまった場合の対応を説明する。落ち着いて行動することが求められる。

## 【事故直後の対応】

事故直後の対応で大切なのは二つ。続発事故を防ぐことと負傷者を救護することだ。状況によってはまず第一に119番へ通報したほうがよいこともある。落ち着いて行動するのが基本で、周りの人に応援を頼んだほうがよい。

## 【事故を起こしたら】

### 1 続発事故を防ぐ

他の車両を事故に巻き込むことを防ぐ。事故車は警察が来るまでそのままにしておくのが基本だが、続発事故の危険性がある場合は安全なところへ。

停止表示板を置いたり、発炎筒をたいて周りに知らせる

**一口メモ　動けなければ携帯電話**

自分がケガなどで動けない場合は携帯電話で119番に通報する。それが難しければ、クラクションを鳴らすなどして周りの人に事故があったことを知らせる。

### 2 負傷者を安全な場所に移動する

負傷者を安全な場所に移動する。大きなケガの場合は動かさないほうがよいが、続発事故の可能性がある場合はできるだけ安静に移動する。

安静に運ぶために周りの人に協力をしてもらったほうがよい

**一口メモ　交通事故は必ず警察に**

負傷者の応急手当が必要のないようなケースでも、交通事故を起こしたら必ず警察に連絡を。事故の報告は道路交通法で義務づけられている。

## ❸ 救急車を呼ぶ

落ち着いて119番に通報。事故を起こした場所、負傷者の状況などを伝える。

冷静な周りの人に通報してもらってもよい

**一口メモ　事故では協力を**
ここで紹介している流れは当事者以外の周りの人にも共通している。当事者はパニックになっていることもあるので、交通事故に遭遇したら、できるだけ協力を。

## ❹ 必要に応じて応急手当を行う

負傷者の意識（反応）や呼吸を確認する。呼吸していなければ、胸骨圧迫**(60ページ)** を行う。

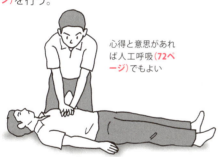

心得と意思があれば人工呼吸(72ページ)でもよい

「呼吸をしていない」以外の主な対応は次の通り。
● 出血していたら
　➡ 止血(18ページ)
● 意識はないが呼吸はしっかりしている
　➡ 無理のない範囲で回復体位
　　(76ページ)に

## ❺ 救急隊員に状況を報告する

救急車が到着したら、負傷者の容態を中心に現在の状況を報告する。

あわてずに、できるだけ正確に報告する

**一口メモ　最初の10分が大切**
「外傷で死亡した人の約40％は最初の処置(手当)が適切なら救えた可能性がある」という報告があるほど、命の危険に関わるようなケガは初期の対応が重要。普段から応急手当を知っておくと、いざというときに役立つ。

# 交通事故（むちうち）

とくに自動車の運転時の交通事故で要注意なのが、首付近のトラブル。いわゆるむちうちである。症状は翌日以降にあらわれることもある。

## 【症状】

むちうちの原因は事故の衝撃などで首がむちのようにしなり、首周辺の神経などが損傷を受けること。いくつかのタイプがあるが、主な症状には首の痛みや吐き気、頭痛などがある。そのままにしておくと、症状が長引くことも多い。

## 【応急手当】

### 1 できるだけ首を動かさない

むちうちの可能性がある場合は、できるだけ首を動かさない。これは専門医に診てもらうまで意識すること。

不用意に首を大きく動かさない

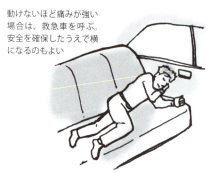

動けないほど痛みが強い場合は、救急車を呼ぶ。安全を確保したうえで横になるのもよい

### 2 首を冷やす

炎症をおさえるなどのために首を冷やす。

応急手当として冷やすことが、その後の治りの早さにつながるといわれている

氷がなければ、冷えた缶やペットボトルでもよい。

## 3 専門医に診てもらう

事故当日は症状がなくても、あとから症状があらわれることもある。できるだけ早いタイミングで専門医に診てもらう。

初診は外科または整形外科を受診するとよい。また、総合病院なら症状に適した科で診てもらえる

むちうちはいろいろな症状があり、事故から数日してからあらわれることもある。次のような場合は事故の影響の可能性もある。
- 事故当日は歩いて帰ったのに急に歩けなくなった
- 「急なめまい」の回数が多くなった
- 耳鳴りがとまらなくなった

通院してもまったく症状が改善しない場合は、通院先の変更を検討するという選択肢もある

---

### 一口メモ　交通事故後の処理

交通事故の直後は連続事故の予防と負傷者の救出が優先事項。そのあとは次のようなことを行う必要がある。

**①警察へ通報**
大きな事故ではなくても、必ず警察に通報する。また、早めに自動車安全運転センターから交通事故証明書の交付を受ける

**②当事者同士で必要事項を確認する**
とくに被害者は次のような事項を確認する
- 加害者の住所・氏名・連絡先、●加入している自賠責保険・自動車保険の証明書番号、●加害車両の登録ナンバー、●加害者の勤務先

**③目撃者の確保**
相手方とトラブルになったとき、第三者の意見は効果がある。氏名や連絡先を聞いておき、必要ならば証人になってもらうとよい

**④自分でも記録**
写真を撮るなどして事故直後の記録を残しておく

**⑤医師の診断を受ける**
目立つ症状がなくても医師の診察を受ける

# 火災

火災が起きたら人命優先。そのための応急手当を行う。一酸化炭素中毒や気道熱傷など、救急車を呼んだほうがよいケースは多い。

## 【応急手当（負傷者への応急手当）】

火災で生じるケガといえば、まずやけどがある。やけどは冷やすことが大切。意識がない場合ややけどや逃げる際に負ったケガが重症である場合には救急車を呼び、その到着までに必要に応じた応急手当を行う。

## 【応急手当】

### 1 安全な場所に移動する

火災のような緊急事態では忘れがちだが、まずは安全な場所へ。現場からの距離が近いと有毒ガスの影響を受けることもある。

### 2 意識（反応）や呼吸を確認する

意識がないなどの重い症状があれば、すぐに救急車を呼ぶ。到着までに必要に応じて一次救命処置（50ページ）を行う。

まずは意識を確認する

意識がなければ呼吸を確認する

### 3 やけどの状態を確認する

36ページのようにやけどを確認し、応急手当を行う。意識があってもやけどの状態が重ければ救急車を呼ぶ。目安は大人は20％以上、子どもは10％以上。

やけどの広さは手のひらを目安に

やけどの応急手当は冷やすのが基本

### 4 ケガの状態を確認する

逃げる際に骨折したり、切りキズを負う可能性がある。ケガの状態を確認して、必要に応じた応急手当を行う。

# 【応急手当（一酸化炭素中毒）】

## 1 救急車を呼び、安静を保つ

一酸化炭素中毒に対して、医療従事者以外の人ができることは少ない。その疑いがある場合は救急車を呼び、必要に応じて一次救命処置を行う。

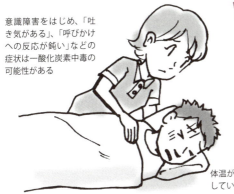

意識障害をはじめ、「吐き気がある」、「呼びかけへの反応が鈍い」などの症状は一酸化炭素中毒の可能性がある

### 一口メモ 一酸化炭素中毒とは

一酸化炭素中毒とは、火災などによって発生した一酸化炭素を吸うことで血液中の酸素が少ない状態になり、引き起こされる中毒症状。頭痛や吐き気、判断力低下、意識障害などを生じ、命の危険に関わる。

体温が低下することがあるので、やけどをしていなければ、毛布などで全身を包む

# 【応急手当（気道熱傷）】

## 1 救急車を呼び、体を冷やす

気道熱傷の可能性がある場合は、早急に専門医に診てもらう。負傷者が動けない場合は救急車を呼び、その到着まで体を冷やす。

「声がしわがれている」、「顔にヤケドがある」、「鼻や口のなかにすすがついている」、「ヒューヒューという呼吸音」、「鼻毛が焦げている」などの症状は気道熱傷の可能性がある

### 一口メモ 気道熱傷とは

気道熱傷とは、熱、煙を吸い込むことで起こる呼吸器系の障害。気道（の一部）が腫れ、窒息を起こし、死にいたることもある。時間が経過するに従って症状が重くなるので、早めに受診すること。

応急手当としてはタオルを体にかけて、そのうえから水をかけるなどして冷やす

# ガス中毒・酸素欠乏

ガスによる影響は、ガスの種類によってさまざま。ここではガス漏れなどにより、血液中の酸素が少なくなった場合の応急手当を紹介する。

## 【火災の対応】

ガス中毒はストーブの不完全燃焼やプロパンガスのガス漏れなどで起こることが多い。血液中の酸素が少なくなり、頭痛や吐き気、耳鳴りなどを引き起こす。「閉じ込められる」などして酸素が欠乏した場合も応急手当は共通している。

## 【応急手当】

### 1 新鮮な空気を吸える場所に移動する

ガス漏れの場合は濡れタオルで鼻を覆うなどして、安全面に気をつけながら傷病者を運ぶ。

都市ガスは「姿勢を低く」、プロパンガスは「立ったまま」を意識して移動

ガス漏れの場合は「ガス栓を閉めて窓をあける」など、被害が大きくなる可能性がある要素はすみやかに取り除く。

### 2 衣服を緩める

傷病者が呼吸をしやすいように、衣服をゆるめる。

襟のボタンをはずすなどして、呼吸しやすくする

**一口メモ　脱がせることも**

ガス中毒は緊急事態。「衣服はどの程度ゆるめれば呼吸しやすいのか」の判断が難しければ、自分が早く次の応急手当に移れるように脱がせたほうがよいこともある。

## 3 意識（反応）や呼吸を確認する

意識や呼吸を確認する。意識がなければ救急車を呼び、呼吸の確認。呼吸していなければ胸骨圧迫などの応急手当を行う。

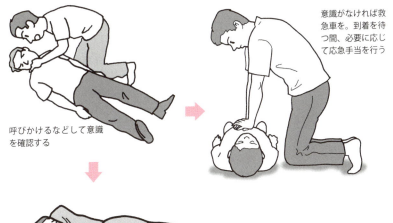

呼びかけるなどして意識を確認する

意識がなければ救急車を。到着を待つ間、必要に応じて応急手当を行う

体温が低下しないように毛布などで全身を包む

意識があっても、手足の麻痺やけいれんなどの症状がある場合は救急車を呼んだほうがよい

## 4 専門医を受診する

あとで症状が出ることもあるので、軽症のように感じられても必ず専門医を受診する。

できるだけ早く受診する

初診は呼吸器内科。もちろん総合病院でもよい

**一口メモ　密閉された車庫に要注意**

自動車の排気ガスには微量ながら一酸化炭素が含まれていて、それがガス中毒を招くこともある。密閉されたガレージでのアイドリングなどには注意が必要だ。

# 地震

地震で、もっともケガの割合が多いのは家具の転倒や落下といわれている。家具の下敷きになった場合の応急手当は救助からはじまる。

## 【地震の対応】

大規模な地震はさまざまなケガを引き起こす。状況に応じた対応が必要だが、家具や家屋の下敷きになった場合は、テコの原理で物干し竿を利用するとよい。救出後は救急隊員が到着するまでにできる範囲の応急手当を行う。

## 【応急手当（家具などの下敷きになった場合）】

### 1 負傷者を救出する

負傷者の上にのっている家具を取り除く。周りの人と協力して行い、重ければ物干し竿や野球のバットを利用する。

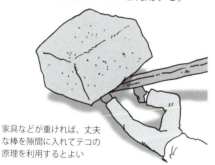

家具などが重ければ、丈夫な棒を隙間に入れてテコの原理を利用するとよい

自動車用のジャッキを利用するという選択肢もある。

### 2 意識（反応）や呼吸を確認する

意識や呼吸を確認する。意識がないなど、症状が重い場合は救急車を呼ぶ。

意識→呼吸の順で確認する

**一口メモ　周りと協力を**

大規模な地震では119番が機能しないことも想定される。到着を信じて、落ち着いた対応をすることが重要。一人でできることには限界があるので、周りと協力することも大切である。

# ❸ 状況に応じた応急手当を行う

「出血をしていたら止血」、「骨折の疑いがあれば患部を固定」など、状況に応じた応急手当を行う。

呼吸していなければ胸骨圧迫（**60ページ**）

内臓を損傷している可能性があればラクな姿勢に（**76ページ**）

骨折の疑いがあれば患部を固定（**28ページ**）

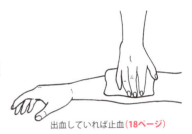

出血していれば止血（**18ページ**）

## 一口メモ　救出はできるだけすみやかに。2時間以上経過したら危険

家具などの重いものに体の一部が長時間圧迫されると、筋肉細胞が壊死を起こすなどして毒性の高い物質がたまる。それが救助時に解放されると、急激に全身へと広がり、心不全などの命の危険に関わる症状を引き起こす。これをクラッシュ症候群、もしくは挫滅症候群といい、1995年の阪神・淡路大震災ではクラッシュ症候群の数十名の方が、それにより命を落としたとされている。クラッシュ症候群は圧迫されてから2時間以内に救助すれば心配は少ないといわれている。

圧迫から2時間を越えると危険性は高まる

できるだけ水分を補給するとクラッシュ症候群のリスクは低くなる

救急隊員に「圧迫していたもの」、「圧迫されていた部位と時間」を正確に伝える

# 台風

日本は台風大国ともいわれ、毎年、台風によってケガをする人は後を絶たない。ケガをした場合の適切な応急手当とともに予防も大切。

## 【台風の対応】

台風は雨とともに強風にも要注意。看板や植木鉢が飛ばされ、それがあたってケガをする事例も少なくない。大きな樹木が倒れて、その下敷きになることもある。そのような場合の応急手当も、まずは意識(反応)や呼吸の確認を行う。

## 【応急手当(飛ばされたものに当たったら)】

### 1 安全な場所に移動する

その後のアクシデントを避けるために負傷者を安全な場所に移動する。

鉄筋コンクリート製の建物のエントランスなど、安全な場所に移動を(ガラスからは離れる)

水があふれることがあるので、用水路やマンホールなど、水が流れているところには近づかない。

### 2 意識(反応)や呼吸を確認する

意識や呼吸を確認する。意識がないなど、症状が重い場合は救急車を呼ぶ。到着までに必要に応じて一次救命処置(**50ページ**)を行う。

### 3 状況に応じた応急手当を行う

「出血をしていたら止血」、「骨折の疑いがあれば患部を固定」など、状況に応じた応急手当を行う。

出血していたら直接圧迫法で止血

**一口メモ　原因にならないために**
台風は接近していることがわかるもの。トラブルの原因にならないために、飛ばされる可能性があるものはロープでしばったり、屋内にしまうように心がけよう。

### 一口メモ 台風のケガは防ぐことができる

台風のケガには「風に飛ばされたものにあたる」以外に、強風にあおられて転倒したり、増水した河川に流されるなどがある。応急手当の知識は大切だが、心がけやそなえによって防ぐことができるものが多いことを知っておきたい。

#### 増水に巻き込まれる

台風の犠牲者の原因としてもっとも多いと考えられている。河川や田の増水の様子が気になっても、近づかない。土砂災害の可能性があるところにも同様に近づかない。
●水難事故の応急手当➡168ページ

#### 強風にあおられての転倒

とくに高齢者は要注意。台風が近づいてきたら、外出を控えるのが一番の予防だ。
●高齢者の転倒の応急手当
➡132ページ

#### ドアに指を挟む

強風によって閉められたドアに指を挟むケガも多い。勢いによっては切断する恐れもある。
●指のケガの応急手当➡33ページ

#### 割れたガラスでケガをする

強風で飛ばされたものにより窓のガラスが割れて、それによってケガをすることもある。雨戸を閉めるなどの対策を。
●切りキズの応急手当➡32ページ

# 落雷

落雷で電気が心臓を流れると、心肺停止などの危険な症状へとつながる。周りの人の応急手当がその人の命を救うことになる。

## 【落雷の対応】

雷に打たれることによって生じる、さまざまな障害は「雷撃症」と呼ばれる。やけどを生じることが多いが、その症状は重くはない。怖いのは心臓に電気が流れることによる心肺停止で、その場合は命の危険に関わる。

## 【応急手当】

### 1 安全な場所に移動する

落雷は一度だけとは限らない。まずは負傷者を安全な場所に移動する。

近くに建物があれば、そのなかに移動

車のなかは落雷の心配はまずない

### 2 状況を確認する

直接、雷に打たれなくても、近くに落ちてその電流の影響を受けることもあり、症状の重さには差がある。まずは意識（反応）や呼吸を確認する。

落雷による負傷者は体に電気をためていないので触れても問題ない

意識がないなど、症状が重い場合は救急車を呼ぶ

## 3 状況に応じた応急手当を行う

落雷の応急手当でとくに必要になることが多いのは心肺停止への対応。呼吸がなければ、迷わず胸骨圧迫を行う。

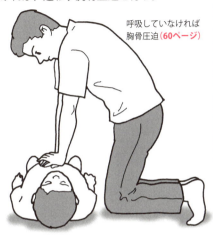

呼吸していなければ
胸骨圧迫（60ページ）

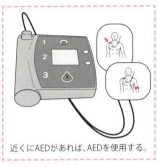

近くにAEDがあれば、AEDを使用する。

## 4 専門医に診てもらう

雷に打たれると、鼓膜が破れたり、眼の白内障になることもある。意識があり、救急車の必要がない場合でも、症状に応じてすみやかに専門医を受診する。

**一口メモ　雷が鳴ったら、安全な場所に移動する**

危険とはわかっていても、毎年、雷で命を落とす人は後を絶たない。応急手当以上に大切なのは予防。雷が鳴ったら、すみやかに安全な場所に移動しよう。

基本的には屋内は安全。さらに壁や柱、家電から1m以上離れると安心

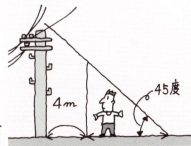

屋外ではカサをささず、電柱や樹木などの高いものから4m以上離れていて45度の角度で見上げられる位置に退避する

Column

# 原子力発電所の事故が 起きたときの対応

**原子力発電所の事故の可能性はゼロではない。体が放射性物質にさらされた場合は水で洗い落とすのがよいとされている。**

### 原子力発電所で事故が起きたら

　状況にもよるが、原子力発電所の事故が起きたら、まずは屋内退避をするのがよい。そして、窓や出入り口を閉め、換気扇やエアコンも動かさないようにする。室内で情報収集をして、その後は自治体の避難指示に従って行動する。家を離れて避難する場合は「ブレーカーを落とす」、「ガスの元栓を締める」などの対策をしておく。子どもや乳幼児、妊婦は放射線の影響を受けやすいので優先して避難させる。

### 外部被ばくしたら水で洗い流す

　よく耳にする放射線とはレントゲンに使われるX線やガンマ線の電磁波と、アルファ線や中性子線などの粒子線の総称。放射能とはこれらの放射線を発する能力のことを指す。そして、放射能をもつ物質のことを放射性物質と呼ぶ。

　放射線にさらされることを被ばくといい、被ばくの種類は大きくは、放射性物質が体の外側にある外部被ばくと、内側にある内部被ばくがある。なお、内部被ばくは放射性物質を含む食品を食べたり、空気中に含まれたものが呼吸時に目や鼻から体内に侵入したことによって生じる。

　被ばくした場合の応急手当の方法は確立されていないが、外部被ばくの場合は大量の水と石鹸で洗い流すとよいと考えられている。

# 8章

# 応急手当の予備知識

自宅には救急箱を常設し、
アウトドアに出かける際には
ファーストエイドキットを携行するのが理想。
いろいろな応急手当に関する情報は
スムーズな対応に役立つ。

# 救急箱の用意

適切な応急手当をするためには、状況に応じた薬や用具が必要。救急箱として一つにまとめ、所定の位置に置いておくとよい。

## 【救急箱の必要性】

急なトラブルに見舞われたときに、薬局やドラッグストアが営業しているとは限らない。すみやかに対応できるように救急箱を用意しておくこと。薬には使用期限があるので、最低でも1年に1回は中身をチェックしよう。

## 【救急箱の中身】

### 1 外用薬

代表的なのは虫刺され薬。点眼薬も準備しておいたほうがよい。

**虫刺され薬**
さまざまな成分のものがある。かゆみが強い場合は抗ヒスタミン系薬、炎症がひどい場合はステロイド系がよい

**点眼薬**
涙の成分に近いものは目に異物が入ったときに使える

**消毒液**
使用しないほうが傷の治りが早いという説もあるが、大量に雑菌が入るようなケースでは使用したほうがよい

### 2 内服薬

風邪は罹患することが多いので、風邪薬を救急箱に常備しておく。

**風邪薬**
種類は豊富。使い慣れているもの、体に合っているものを選びたい

**胃腸薬**
胃の調子が悪くなることが多いので、救急箱に胃腸薬を準備しておくとよい

**その他**
頻繁に頭痛が起こる場合は頭痛薬など、よく使用するものがあると便利

## 3 医療用品

骨折のときなどに使用する包帯や止血に役立つガーゼなどの重要度が高い。

**包帯**
「骨折時に部位を固定する」、「圧迫止血で布を固定する」など使用する機会は多い。幅5cmくらいのものが使いやすい。包帯をとめる用具やテープも忘れずに

**ガーゼ**
裁断済の滅菌ガーゼと裁断していないものの2種類があるとよい

**綿棒**
「薬を塗る」など、細かい部分の手当に幅広く使える

**その他**
切りキズなどにそなえて、バンソウコウもあるとよい

## 4 体温計などのアイテム

体温計やハサミは救急箱に入れておきたいアイテムの代表例。

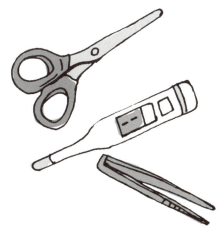

**体温計**
体調不良で受診する際、体温を測っておいたほうがよいケースは多い

**ハサミ**
「包帯を切る」、「応急手当のために衣服を切る」などに使用。重要度は高い

**ピンセット**
患部にガーゼを貼るなどの細かい手当に使用。できれば毛抜き(トゲ抜き)も用意したい

**その他**
患部を冷やすときなどに使用する氷枕(冷却シート)はよく使用することになるアイテム

# 専用器具がなければ

たとえば担架は、2本の物干し竿と毛布があればつくることができる。つくり方を知っていれば、いざというときに対応できる。

## 【専用器具なない場合】

水を運ぶポリタンクや人を運ぶ担架など、応急手当に必要な器具は、身の周りのものを使って代用できることも知っておきたい。応急手当では状況に応じて、柔軟な発想をすることも大切である。

## 【近くに水道がなければ】

### 1 未使用のゴミ袋などを利用する

切りキズなどを負ってキズ口を洗い流したい場合、傷病者が動けなければ救助者が水を運ぶという選択肢もある。水筒がなくても、利用できるものはある。

ビニール製の袋(45リットルのゴミ袋など)に水を入れる。清潔なものを使うのが前提で未使用のものが望ましい

水を入れたら袋の口をしばる。これで水を運べるようになる

水を運ぶために大きなビニール袋を利用する場合、水の量が多いと運びにくくなったり、運ぶ途中で破れてしまう可能性がある。そこで利用したいのが段ボールなどの容器。水の入った袋を段ボールに入れることで、持ち運びやすくなる。これは被災地などで水を入れるポリタンクがないときにも使える。できれば水を入れる前にビニール袋を容器に入れておいたほうが、スムーズに作業できる。

# 【近くに担架がなければ】

## 1 毛布と長くて丈夫な棒(2本)を用意する

担架がない場合は、毛布と強度の高い長い棒を使って、簡易担架をつくることができる。まずは毛布に1本の棒をのせる。

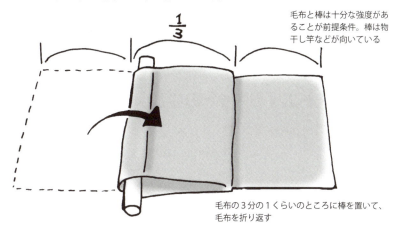

毛布と棒は十分な強度があることが前提条件。棒は物干し竿などが向いている

毛布の3分の1くらいのところに棒を置いて、毛布を折り返す

## 2 2本目の棒を置いて毛布を折り返す

続いて、もう1本の棒を毛布の上に置いて、再び折り返す。これで担架として使えるようになる。

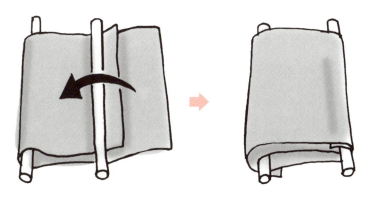

もう1本の棒をのせて、上になっている毛布を巻き込むように折り返す。上になっている毛布に十分な余裕があることがポイント

もとの棒まで毛布が届いたら完成。あくまでも簡易タイプなので、傷病者は慎重に運ぶように

# ファーストエイドキット

山登りや海水浴など、アウトドアでのレジャーを楽しむ場合は、応急手当に役立つアイテムを携帯したい。中身は目的などに応じる。

## 【ファーストエイドキットの必要性】

ファーストエイドキットとはアウトドアの応急手当で使うキットのこと。ひと通りの必要と考えられるものがパックされたものが市販されているが、薬剤はパッケージングされていない。目的に応じて必要なもの買いそろえるのが基本。

## 【ファーストエイドキットの中身】

### 1 すりキズ・切りキズ用

アウトドアでは切りキズを負うことが多く、キズ用防水フィルムなどが欠かせない。

**キズ用防水フィルム(バンソウコウ)**
キズ口を汚れや水などから守るために使用。いろいろなタイプが市販されていて、できればキズの状態に合ったものを選びたい

**消毒液**
大量に雑菌が入るようなケースでは使用する。綿棒もあったほうがよい

**ガーゼ**
止血する際に必要不可欠といってよいほど重要

### 2 ネンザ・骨折用

ネンザでは患部を固定することが基本。そのためには包帯などが必要。

**包帯**
患部を固定するためなどに使う。重要度はかなり高い

**三角巾**
腕を吊るすときなど包帯よりも使い勝手がよいときもある

**テーピングテープ**
足首をネンザしたときに固定するときなど、なにかと利用できる

## 3 体調不良用

下痢をしやすければ下痢止め剤など、必要に応じてそろえる。

**鎮痛解熱剤**
痛みを緩和するための応急用として用意

**下痢止め剤**
下痢の症状が出た場合は下痢止め剤を。あくまでも応急手当であり、原因によっては専門医に受診を

## 4 ピンセットなどのアイテム

細かい作業用のピンセットなど、想定されるトラブルに対応できるものを用意。

**ハサミ**
必携品といってもよいくらい、重要なアイテム

**虫刺され薬**
虫に刺されかゆみは軽視できないので、あったほうがよい

**ピンセット**
ピンセットやトゲ抜きは必要になるケースが多い

**ポイズンリムーバー**
毒を吸い出すときに使用。アウトドアショップなどで入手できる

**エマージェンシーシート**
保温効果の高いシート。登山などのアウトドアスポーツでは必携品になりつつある

---

**一口メモ　防水用の袋に入れて既往歴がわかるものも**

ファーストエイドキットは雨に濡れてしまうと使えないことが多いので、チャック付ポリ袋などに入れたほうがよい。また、アウトドアでは手術が必要なアクシデントにあうこともある。「お薬手帳」のような既往歴がわかるものや輸血にそなえて血液型を記したものも携帯したい。

# エコノミークラス症候群

エコノミークラス症候群は旅行者血栓症ともいわれ、最近、問題になることが増えている。症状や予防法を知ることも重要である。

## 【症状】

エコノミークラス症候群は長時間に渡って同じ姿勢をとったときに起こる。一般的に症状は軽症と重症にわけられ、前者は足(とくにヒザより下の部分)が赤くなることに加えての腫れや痛み、後者は胸の痛みや呼吸困難を生じる。

## 【応急手当】

### 1 体調不良を周りの人に伝える

足の痛みや息苦しさなどの体の不調を感じたら、客室乗務員をはじめとする周りの人に、その旨を伝える。

度を越して神経質になる必要はないが、命の危険に関わることもある

エコノミー症候群の治療には血液を固まりにくくする薬を使用するなど、専門医の判断(処置)が必要で、応急手当としてできることは少ない

急に立ち上がるのはNG。症状の悪化を招くことがある。

---

**一口メモ　エコノミークラスの乗客だけがなるわけではない**

エコノミークラス症候群といっても、飛行機のエコノミークラスの乗客だけがなるわけではない。ファーストクラスでもなる可能性はあるし、避難所や車中泊の問題として取り上げられることも多い。原因は足の深部の静脈に血の固まりができることにあり、それが肺に到達すると死にいたる可能性もある。また、症状は飛行機を降りるときや数日後に起こることもある。

### 一口メモ エコノミー症候群は予防が大切

エコノミー症候群は手当としてできることは少なく、なによりも予防が大切。体を動かすことなどが予防に役立つと考えられている。

**予防法① 足を動かす**
座ってできる足の運動を行ったり、こまめにトイレに行く

**予防法② 意識して水分をとる**
脱水で血液が濃くなると血栓を生じやすい。意識して水分をとろう

**予防法③ ゆったりとした服装を**
体を締めつけるような服装は血流の流れを悪くしてしまう

**予防法④ 主治医に事前相談**
血栓症などの既往歴がある場合は事前に主治医に相談するとよい

# 緊急時の連絡先

命の危険に関わるような緊急時には、すみやかに医療機関に連絡を。また、HPを利用するとスムーズに病院を見つけられる。

## 【緊急時に連絡するところ】

応急手当は、あくまでも傷病者を救急隊員（救急救命士）や医療機関に引き継ぐまでに行うものであり、緊急時には適切なところに迅速に連絡することが大切である。119番以外にも状況に応じた連絡先がある。

## 【連絡先】

### 1 緊急時の連絡先

大量の出血があるときや意識がないときは迷わず「119」に連絡して救急車を。判断に迷うときは「♯7119」に電話をかける。

◉救急車を呼ぶとき…119
◉救急車を呼ぶか判断に迷うとき…♯7119
◉子どもの救急相談…♯8000
◉「海でおぼれる」などの海難事故…118

### 2 都道府県別の相談ができる連絡先

各都道府県では医療に関するネットワークがつくられていて、ホームページが設けられている（地域によっては電話の相談窓口が設置されているところもある）。病院探しなどに役立つので、住んでいる都道府県のネットワーク名で検索し、そのホームページをブックマークに登録しておくとよい。

※各連絡先は2016年7月現在のもの

●北海道／北海道救急医療・広域災害情報システム…0120-20-8699
●青森県／あおもり医療情報ネットワーク…0120-73-3620
●岩手県／いわて医療ネット
●宮城県／みやぎのお医者さんガイド
●秋田県／あきた医療情報ガイド
●山形県／山形県医療機関情報ネットワーク…#8500
●福島県／ふくしま医療情報ネット
●茨城県／茨城県救急医療情報システム…029-241-4199
●栃木県／とちぎ医療情報ネット
●群馬県／ぐんま統合型医療システム

- 埼玉県／埼玉県救急医療情報システム…048-824-4199
- 千葉県／ちば救急医療ネット
- 東京都／救急相談センター…#7119
- 神奈川県／神奈川県救急医療情報システム
- 新潟県／にいがた医療情報ネット
- 富山県／とやま医療情報ガイド
- 石川県／石川県災害・救急・周産期医療情報システム
- 福井県／医療情報ネットふくい
- 山梨県／やまなし医療ネット
- 長野県／ながの医療情報Ｎｅｔ
- 岐阜県／ぎふ救急ネット
- 静岡県／医療ネットしずおか
- 愛知県／あいち救急医療ガイド
- 三重県／医療ネットみえ
- 滋賀県／救急医療ネットしが
- 京都府／京都健康医療よろずネット
- 大阪府／大阪府医療機関情報システム…#7119
- 兵庫県／兵庫県広域災害・救急医療情報システム
- 奈良県／なら医療情報ネット…#7119
- 和歌山県／わかやま医療情報ネット…073-426-1199
- 鳥取県／鳥取県救急医療情報システム
- 島根県／島根県医療機能情報システム
- 岡山県／おかやま医療情報ネット
- 広島県／救急医療ＮＥＴ　ＨＩＲＯＳＨＩＭＡ
- 山口県／やまぐち医療情報ネット
- 徳島県／医療とくしま
- 香川県／医療Ｎｅｔさぬき
- 愛媛県／えひめ医療情報ネット
- 高知県／こうち医療ネット…088-825-1299
- 福岡県／ふくおか医療情報ネット…#7119
- 佐賀県／９９さがネット
- 長崎県／長崎県広域災害救急医療情報システム
- 熊本県／くまもと医療ナビ
- 大分県／おおいた医療情報ほっとネット
- 宮崎県／みやざき医療ナビ
- 鹿児島県／かごしま医療情報ネット
- 沖縄県／沖縄県うちなぁ医療ネット

**8章**

予備知識

緊急時の連絡先

# 索引

※本書に複数回掲載されている用語は
とくに詳しく紹介しているページを
記載しています

## ＜あ行＞

アカエイ ……………………………191
あかぎれ ……………………………156
アキレス腱断裂 ……………………127
悪性腫瘍 ……………………………100
足のケガ ……………………………126
頭のケガ ……………………………114
アリ …………………………………182
アルコール …………………………106
安全の確保 …………………………54
胃潰瘍 ………………………………86
意識がもうろうとする ……………134
意識障害 ……………………………158
意識の確認 …………………………54
一次救命処置 ………………………50
一酸化炭素中毒 ……………………199
イヌ …………………………………186
異物のつまり ………………………88
インフルエンザ ……………………90
ウイルス ……………………………90
ウオノメ ……………………………150
腕のケガ ……………………………124
ウニ …………………………………191
海で動物に傷つけられた …………188
ウミヘビ ……………………………188
AED …………………………………64
AEDの使い方 ………………………66

エコノミークラス症候群 …………216
嘔吐 …………………………………90
お尻のケガ …………………………122
お腹のケガ …………………………120

## ＜か行＞

蚊 ……………………………………180
回復体位 ……………………………76
潰瘍性大腸炎 ………………………86
外用薬 ………………………………210
顔の各部のケガ ……………………116
過呼吸 ………………………………148
火災 …………………………………198
カサゴ ………………………………191
ガス中毒 ……………………………200
風邪 …………………………………90
喀血 …………………………………94
過敏性腸症候群 ……………………86
咬む虫 ………………………………182
ガン …………………………………84
間接圧迫法 …………………………22
関節リウマチ ………………………100
肝臓病 ………………………………98
感電 …………………………………160
気管支炎 ……………………………100
気管支拡張 …………………………94
気管支喘息 …………………………88
気胸 …………………………………88
危険な海の生物 ……………………190
ぎっくり腰 …………………………144
気道熱傷 ……………………………199
救急安心カード ……………………128
救急車を呼ぶ ………………………56

救急相談センター　……………………48
救急隊員に引き継ぐ………………70
救急箱　……………………………210
急性アルコール中毒……………158
急性胃炎　…………………………86
急性胃粘膜病変　…………………94
急性咽頭炎　………………………102
急性小腸炎　………………………86
急性膵炎　…………………………86
急性大腸炎　………………………86
急性腹膜炎　………………………86
急性腰痛　…………………………144
救命講習　…………………………80
胸骨圧迫（成人）………………60
胸骨圧迫（乳幼児）……………62
胸痛　………………………………84
切りキズ……………………………32
緊急時の連絡先　………………218
靴ずれ　……………………………150
首のケガ……………………………118
クラゲ　……………………………188
けいれん　…………………………104
血管の拡張　………………………108
毛虫　………………………………180
下痢　………………………………86
原子力発電所の事故　…………208
誤飲　………………………………152
口腔内の出血　……………………94
高血圧　……………………………98
高山病　……………………………172
交通事故　…………………………194
高齢者の転倒　……………………132
呼吸困難　…………………………88

呼吸を確認する……………………58
腰のケガ……………………………122
骨折（足）………………………30
骨折（手・腕）…………………28
子どもの救急相談　……………112
コブ…………………………………114
昏睡（失神）……………………106

### ＜さ行＞

細菌　………………………………90
坐骨神経痛　………………………123
刺しキズ……………………………34
刺す虫　……………………………183
サル　………………………………186
触ると被害がある虫……………183
三角巾　……………………………46
サンゴ………………………………190
酸素欠乏　…………………………200
視覚障害　…………………………116
止血（間接圧迫法）……………22
止血（止血帯を使う）…………24
止血（出血の判断）……………18
止血（直接圧迫法）……………20
止血帯　……………………………24
歯周病　……………………………96
地震　………………………………202
自然気胸　…………………………84
歯痛　………………………………96
歯肉炎　……………………………96
シビレ………………………………123
しもやけ……………………………178
十二指腸潰瘍　……………………86
出血　………………………………18

221

| | | | |
|---|---|---|---|
| 症候性頭痛 | 82 | 知覚過敏 | 96 |
| 傷病者を運ぶ | 78 | 腸閉塞（イレウス） | 86 |
| 食当たり | 90 | 直接圧迫法 | 20 |
| 食中毒 | 154 | 血を吸う虫 | 182 |
| ショック症状 | 108 | 鎮痛剤 | 97 |
| 心筋梗塞 | 84 | 突き指 | 146 |
| 人工呼吸 | 72 | つわり | 90 |
| 心臓震盪 | 142 | 低温やけど | 39 |
| 心臓の機能障害 | 108 | 低体温症 | 176 |
| 腎臓病 | 98 | 手のケガ | 124 |
| 心肺蘇生法 | 74 | 転落事故（高いところから） | 164 |
| 真皮熱傷 | 37 | 転落事故（低いところから） | 162 |
| 水難事故(応急手当) | 168 | 凍傷 | 178 |
| 水難事故(救助) | 166 | 糖尿病 | 106 |
| スズキ | 191 | 動物に傷つけられた | 186 |
| スズメバチ | 180 | 動脈硬化 | 98 |
| 頭痛 | 82 | 毒キノコ | 192 |
| すりキズ | 32 | 毒性の弱い虫 | 180 |
| 切断 | 33 | 吐血 | 94 |
| 背中のケガ | 118 | | |
| 全層熱傷 | 37 | | |

### ＜た行＞

| | | | |
|---|---|---|---|
| 体温計 | 211 | | |
| 台風 | 204 | | |
| タコ | 150 | | |
| 立ちくらみ | 100 | | |
| ダツ | 190 | | |
| 脱臼 | 26 | | |
| 脱水症状 | 106 | | |
| ダニ | 180 | | |
| 食べすぎ | 90 | | |
| 打撲 | 26 | | |

### ＜な行＞

| | |
|---|---|
| 内耳の異常 | 90 |
| 内服薬 | 210 |
| 肉離れ | 126 |
| 乳幼児の応急手当 | 110 |
| 乳幼児の転落事故 | 130 |
| ネコ | 186 |
| ネズミ | 186 |
| 熱けいれん | 134 |
| 熱失神 | 134 |
| 熱射病 | 134 |
| 熱中症 | 134 |
| 熱中症（屋外） | 136 |

熱中症（屋内） …………………**138**
熱疲労 ……………………………**134**
ネンザ ……………………………**26**
脳血管疾患 ………………………**84**
脳卒中 ……………………………**90**
脳の機能障害 ……………………**106**
ノドづまり…………………………**92**
乗り物酔い…………………………**90**

### ＜は行＞

肺炎 ………………………………**88**
肺がん ……………………………**94**
肺結核 ……………………………**94**
吐き気 ……………………………**90**
ハチ ………………………………**180**
白血病 ……………………………**98**
発熱 ………………………………**102**
鼻血 ………………………………**98**
ハネカクシ ………………………**183**
ハブ ………………………………**184**
腫れ ………………………………**131**
ハンガーノック …………………**174**
ひきつけ…………………………**110**
微熱 ………………………………**102**
ひび ………………………………**156**
日焼け……………………………**170**
表皮熱傷 …………………………**37**
貧血 ………………………………**100**
ファーストエイドキット …………**214**
腹痛 ………………………………**86**
ヘビに咬まれた…………………**184**
便秘 ………………………………**86**
包帯 ………………………………**44**

ボールが顔にあたった …………**140**
ボールが体にあたった …………**142**

### ＜ま行＞

マムシ……………………………**184**
マメ………………………………**150**
マロリー・ワイス症候群 …………**94**
慢性頭痛 …………………………**82**
耳鳴り……………………………**116**
ムカデ……………………………**180**
虫歯 ………………………………**96**
虫に刺された……………………**180**
むちうち …………………………**196**
胸のけが …………………………**120**
目がうつろ ………………………**108**
目の異物感 ………………………**116**
目のケガ…………………………**141**
めまい……………………………**100**

### ＜や行＞

薬品によるやけど ………………**42**
やけど……………………………**36**
やけど（症状の判断）……………**36**
ヤマカガシ ………………………**184**

### ＜ら・わ行＞

雷撃症 ……………………………**206**
落雷 ………………………………**206**
緑内障 ……………………………**90**
旅行者血栓症 ……………………**216**

## ＜監修者紹介＞

**山本保博**（やまもと・やすひろ）

1968年日本医科大学卒業。一般財団法人救急振興財団会長。日本医科大学付属病院高度救命救急センター名誉教授。国内を代表する救命救急医療の第一人者で、防災功労者内閣総理大臣表彰なども受賞。とくに外傷、熱傷、中毒学、災害、病院前救護を専門とする。

## ＜制作スタッフ＞

    編集協力：編集工房水夢
            まんぼう
    執筆協力：原田晶文
            佐藤紀隆（Ski-est）
    デザイン：ドットテトラ
    図版・イラスト：木村図芸社

## 図解　応急手当ハンドブック

2016年7月30日　第1刷発行
2025年6月10日　第5刷発行


監修者　　山本保博

発行者　　竹村　響

印刷所　　TOPPANクロレ株式会社

製本所　　TOPPANクロレ株式会社

発行所　　株式会社 日本文芸社

　　　　　〒100-0003　東京都千代田区一ツ橋1-1-1

　　　　　パレスサイドビル8F


ⓒNihonbungeisha 2016
Printed in Japan 112160725-112250602Ⓝ05　（240042）
ISBN978-4-537-21412-3
（編集担当：坂）

乱丁・落丁などの不良品、内容に関するお問い合わせは
小社ウェブサイトお問い合わせフォームまでお願いいたします。
ウェブサイト　https://www.nihonbungeisha.co.jp/

法律で認められた場合を除いて、本書からの複写・転載（電子化を含む）は禁じられています。また、代行業者等の第三者による電子データ化および電子書籍化は、いかなる場合も認められていません。

※QRコードを読み取ってのWEBページ閲覧機能は、予告なく終了する可能性がございます。(QRコード掲載がある場合)
※QRコードは株式会社デンソーウェーブの登録商標です。